どる

用語の来歴

清　著

学出版部

『源流からたどる翻訳法令用語の来歴』(中央大学出版部)

古田裕清　著

はじめに　iii頁　2行目

正誤表

| 【誤】 | | 【正】 |
|---|---|---|
| 阿部勤也 | → | 阿部謹也 |

# 源流からたどる
# 翻訳法令用語の来歴

古田裕清 著

中央大学出版部

# はじめに

　国際化の流れの中で，英文の法務文書を作成したり，外国人に日本の法律を英語で説明したりする機会が増えている。こうした機会を持つのは国際取引を行う企業や国際的な訴訟に携わる法曹だけでなく，外国と交渉する国の機関，在日外国人と関わる自治体や一般市民，途上国の法整備支援を行う学者や実務家など，多岐にわたる。日本の法律は法務省が中心となって漸次，英訳されてきている。こうした英訳は当初，「暫定版」として公開されるが，後に「最終版」としてお墨付きが出された英訳も多い。個々の法律用語の英語訳を集成した『法令用語日英標準対訳辞書』も内閣府の取りまとめで作成された。

　ここで，少々困った事態が生ずる。日本は明治時代にまずフランス人のボアソナードに基幹法を起草してもらい，その後ドイツ法の影響を受けて現行法の骨格を築き上げた歴史を持っている。法律用語もほとんどがドイツ語やフランス語からの翻訳語である。法律学者たちは戦後に至るまでその大半がドイツへ留学し，最新の学説を持ち帰って日本法の解釈に資してきた。ドイツ法もフランス法もローマ法の伝統にある体系的成文法が骨格をなしている。他方，英語の法律用語は概して英国のコモンローやエクイティの文脈で使われてきたものであり，英米法のニュアンスを引きずっている。英米法はローマ法の影響を受けていないわけではないが，民事に関しては慣習法が基軸となっており，ローマ法系諸国とは異なる伝統を今も維持している。それゆえ，日本の法律用語をうかつに英訳すると，

ローマ法と英米法という二つの異なる伝統が混線して、誤解が発生しかねない。

このような観点から、レクシスネクシス・ジャパン社の月刊誌『Business Law Journal』に毎月、異なる法律用語をテーマに毎回読み切りのコラムを書く機会を与えられた。具体的には、法律用語の欧州語原語からの来歴をたどりつつ、英文の法務文書に関わる企業関係者にとって有益な視点を提供してほしい、とのことだった。私は哲学が専門だが、法学部で教えている。実定法の背後にある欧州の伝統的人間観や世界像を理解することで、学生諸君が実定法に対する洞察を一層深めるように、と願いつつ教育に携わっている。西洋の法律が導入されて百年以上が経過するにもかかわらず、日本には「二割司法」という語が象徴するように法の支配が定着しきれていない面がある。その理由についても考えてほしい、と思いつつ教場では話している。雑誌のコラムはこの延長線上で書いてよい、ということだった。そのため、毎回読み切りとは言え、「実定法の背後にある欧州の伝統的人間観や世界像」「日本における法の支配の定着・非定着」という一貫した伏線をたどりつつコラムを書くことになった。回が進むにつれ、「前回のコラム参照」という類の文句を挿入することが増えてきた。連載が始まってから30回に至ったのを機に、これまで書いた分を一冊にまとめたのが本書である。書籍化にあたり一部加筆・修正を行ったが、内容的にはコラムとして世に出されたときと大差なく、順序も雑誌刊行順のままである（書籍化に当たり、相互参照の都合上、「第1話」から「第30話」という見出しを各回に付した）。タイトル名も連載コラムのタイトルをそのまま使った。

本書が想定する読者は、民事商事法務の知識を既に一定程度お持ちの方々（典型的には法学部卒業生）、あるいは法実務に携わっておら

れる方々である。内容的には比較西洋法制史，西洋哲学史，倫理学，阿部勤也的な比較歴史文化論をミックスしたようなエッセーであり，法律用語の語源（特にドイツ語，フランス語，ラテン語）への言及がかなりの部分を占めている。これら言語をよく知らなくても法律の知識さえあれば分かるように書いたので，尻込みせずにゆっくり読み進めていただきたい。また，各回のテーマは（目次を見ればお分かりのとおり）ランダムに取り上げたもので，主題に一貫した伏線があるとはいえ，それぞれが独立している。そのため，全回を一気に通読しないと分からない，という代物ではない。むしろ逆で，各回を読み終わったら一旦休息し，深呼吸してあれこれ考え，それから次の回へと進んでいただければ幸いである。言わずもがなであるが，本書が取り上げる法令用語はその一つ一つがいずれも法概念として学説上多くの複雑な問題を抱えている。本書は上述の意図からこれら用語のあくまで一側面（おそらくは従来，あまり着目されてこなかった一側面）に光を当てたにすぎない。この点は冒頭にお断りしておきたい。

　なお，コラムではほぼ毎回，上記の『法令用語日英標準対訳辞書』に言及した。書籍化にあたり，本文中では『辞書』と略表記することも考えたが，各回の独立性を考えて，この長いタイトルをそのままにした（同一回でこのタイトルが二度以上言及される際は，二度目以降を『辞書』と略表記した）。『辞書』は 2006 年の刊行以来，毎年のように改訂されている。一部の法律用語については何度も英訳が変更されてきた。本書が引用する英訳は，特に断らない限り，2015 年 8 月現在の版に拠る。その時々の最新版は法務省の「日本法令外国語訳データベースシステム」（http://www.japaneselawtranslation.go.jp/）に公開されている。ここからは政府公認の日本法の英訳にもアクセスできる。これら英訳，そして『辞書』の編纂・改訂という困難な仕

事に携わってきた官僚諸氏や専門家の方々に対して，ここで最大限の敬意を表しておきたい。

# 目　　次

**まえがき**

| | | |
|---|---|---|
| 第 1 話 | **債権と債務**……………………………… | *1* |
| 第 2 話 | **給付と履行**……………………………… | *7* |
| 第 3 話 | **責 任 概 念**……………………………… | *13* |
| 第 4 話 | **義務と責任**……………………………… | *19* |
| 第 5 話 | **善良なる管理者**………………………… | *23* |
| 第 6 話 | **信認　fiduciary**……………………… | *27* |
| 第 7 話 | **事務と業務**……………………………… | *33* |
| 第 8 話 | **請求と請求権**…………………………… | *39* |
| 第 9 話 | **過　　　失**……………………………… | *45* |
| 第 10 話 | **抵　　　当**……………………………… | *49* |
| 第 11 話 | **瑕　　　疵**……………………………… | *53* |
| 第 12 話 | **危険について**…………………………… | *59* |
| 第 13 話 | **原始的不能と契約締結上の過失**…… | *65* |
| 第 14 話 | **無効・解除・取消・撤回**……………… | *71* |

| 第15話 | 「約款」について | 77 |
| 第16話 | 公　　　正 | 81 |
| 第17話 | 公正について (2) | 85 |
| 第18話 | 正当・不当・適当・過当 | 91 |
| 第19話 | 不法と違法 | 97 |
| 第20話 | 特権と特許 | 101 |
| 第21話 | 権原と権限 | 109 |
| 第22話 | 免　　　除 | 115 |
| 第23話 | 原因と根拠 | 119 |
| 第24話 | 危害・侵害・損害 | 125 |
| 第25話 | 詐害行為 | 129 |
| 第26話 | 不当利得 | 133 |
| 第27話 | 倒産と破産 | 137 |
| 第28話 | 処　　　分 | 143 |
| 第29話 | 利益と不利益 | 147 |
| 第30話 | 用益権 | 151 |

あとがき

# 債権と債務

　日本は明治時代にフランスやドイツを模範として法律を整備した。そのため，法律用語は仏語や独語の直訳語であることが多い。独仏法はローマ法の伝統を受け継いでおり，日本の基幹法もローマ法文化圏の中にある。他方，現代では英語が世界共通語となり，日本企業でも英文契約書の作成が必須業務となってきた。英語の法律用語はコモンロー（ゲルマン慣習法）の伝統に裏打ちされたものが多い。英文契約書の作成時には単なる翻訳のみならず，ローマ法とコモンローの伝統同士のぶつかり合いも生じる。知っておくと有益だと思われる背景知識をいくつか説明してみたい。

　まず，「債権」と「債務」という対概念について。一般に，債権契約が結ばれると，当事者双方に一定の権利および義務が発生する。権利の側面が債権，義務の側面が債務である。一般に債権は claim や credit，債務は obligation（金銭債務は debt）と英訳される。実は，「債権」と「債務」は明治時代に，仏語 obligatio と独語 Schuld を文脈に応じて訳し分けるために新造された語である。独仏語の祖語はローマ法用語 obligatio で，やはり債権と債務のいずれをも表現する。なぜ区別されないのか。obligatio はもともと，ligare（結び付ける）

に ob（相手方の存在を明示する前綴り）がついた形。契約により双方は一定の権利義務関係に立つが，obligatio はこの関係そのもの（結び付けられた状態）[1]を指す。この関係を権利者の視点で見たら債権，義務者の視点で見たら債務である。日本語は視点の違いを丁寧に訳し分けるが，債権も債務も関係そのものの別側面にすぎず，欧州語は表現し分けない。

英語には日本語同様，「債権」と「債務」の区別があるように見えるが，実はそう簡単ではない。コモンローが根付く英国にローマ的債権法は入らなかったが，obligatio というラテン語は中世にフランス経由で伝播し，現代英語でも派生語を含めて「債権」の意で用いられることがある（例：「債権譲渡」は cession of obligation，「債権者」は obligor）。しかし，日常英語では "I am obliged to do ..." のように動詞がもっぱら受動態で（義務者の視点で）使われ，obligation といえば普通は義務を含意する。債権と債務が基本的に同じ一つの事柄（当事者間に成立する関係）だ，という発想は英語にも息づいている。

obligatio, obligare 系の欧州語表現は法律専門用語ではなく，より広い文脈で用いられる日常語である。"I am obliged" という英語表現は，「（面前にいる他者に）結びつけられている」「負うている」「おかげである」「ありがとう」という意味の広がりを持つ。動詞 oblige は「義務づける」「縛る」だけでなく「他者に何かを施す」という意味にもなる。この語は「他者と何らかの仕方で関わり，交わり，結びつきを持つ（縛る，施す，などの仕方で）」という広い範囲の人間関係をカバーする。人には単独では権利も義務もない。他者との関係に立つことによって，初めて自分の立ち位置が明らかになり，権利や義務も発生する。このような関係性優位の思想が欧州の日常生活に根ざしており，そこから法律用語としての obligatio が生

まれている。他方，日本には「まず人に権利や義務があって，その
あとに他者との関係が成立する」と考える人がかなりいるのではな
いか。これは欧州語の obligatio に根ざす発想とは真逆の考え方であ
る。

　明治時代の法律学徒は obligatio を日本語で再現する際，当事者に
発生するのが権利なのか義務なのか，文脈に応じて丁寧に訳し分け
た。他方，関係そのものとしての obligatio は訳出が後手に回り，
現在に至るまで定訳があるようで実はない（「債権関係」なのか，「債
権債務関係」がいいのか，日本の法律学者は今も悩んでいる）。結果的に，
obligatio に根ざす関係性優位の発想が，日本の法律用語に再現でき
なかった。他方，新造された訳語「債務」「債権」は日常生活から
切り離された法律専門用語と化した。欧米では obligatio 系の語は小
学生でも知っている日常語。人は社会で他者と共生しており，他者
との obligatio なしでは生きられない。物心つく前から，そしてつい
た後も，人はいつも既に他者との obligatio の中にある。こうした
obligatio の遍在が，欧米人の日常意識と人間関係に浸透している法
の支配にほかならない。欧米から導入した法の支配が日本で未だに
定着しきれない側面があるのは，このあたりに一因がある。（この問
題については本書全体を通じて考えていくことになる。）

　英語の credit は obligatio と似た背景を持つ。祖語は仏語の credit
（信用，信用して貸すこと），さらに遡ると，ラテン語の動詞 credere
（信ずる）の過去分詞形（creditum，信用された状態）。この原意から
「信頼」「名誉」「信望」「承認」などと意味が広がる日常語である。
古代ローマでは，貸借の場面で貸し手の目線から「お前を信用して
貸してやる，お前は信用された状態なのだ（必ず返してくれるだろう
な）」という趣旨で使われ，信用貸しを意味する法律用語にもなって
いた（貸し手は「相手を信じてあげる人」すなわち creditor と呼ばれた）。

この語がコモンローの文脈で「債権」を意味するようになった。他方，信用とは信ずる人と信じられた人との間に成立する関係である。貸し手が借り手に credit を与え，借り手が貸し手から credit を得るのだから，実は credit も obligatio 同様，債権関係そのものを表現している。ローマ法で creditum は，「信用貸しされたもの」すなわち「借金」という意味でも使われた。現代のクレジットカードにもつながる用法である。

　claim の祖語をたどると仏語の clamer（叫ぶ，大声で騒ぎたてる），さらに遡るとラテン語の clamare（同じ意味，兵士が戦場で雄叫びを上げる）に行き着く。いずれも法的な含意がない日常語である。これが中世に英語に導入され，コモンローの文脈で法律用語としても用いられるようになった。英国では，叫び声を上げる人を権利主張者と見なし，法の支配の下で尊重したわけである。他者に文句をつけて叫ぶなら，何らかの理由があるはずだ（約束違反への抗議など）。叫びの内容に耳を傾け，文句をつけられた側の言い分も聞いて，当事者主義で問題解決を図るのがコモンローの原則である。コモンローも，そしてローマ法も，日常語を法律用語として涵養することで，日常生活における法の支配を実質化してきたのである（claim については第 8 話参照）。

　日本なら，大声で叫んでも負け犬の遠吠えと見なされるのがおち。法的処遇を求めるなら，外来の法律用語の鎧をまとわねばなるまい。鎧をまとうには法律専門教育が必要。この教育は日常語とかけ離れた専門用語のオンパレードである。こうした教育に耐えた優秀な法曹は日本にもたくさんいるが，圧倒的多数である一般庶民にとっては荷が重い。法律の敷居は自然，高くなる。こうして，人々の意識の上でも日本語の語彙の上でも，法の支配が生活に浸透しにくい状況が生まれてしまう。

## 注

1) 正確に言うと，creditum は credere の完了分詞（中性形）であるが，これは機能的に英文法の過去分詞に相当する部分が大きいので，本文では敢えて（正確ではないにもかかわらず）過去分詞とした。本書の読者（日本の法実務家）はラテン語文法を知らなくても英文法なら知っているはず，過去分詞と考えてもらった方が理解しやすいだろう，と考えてのことである。本書では全編を通じてこのような配慮で「ラテン語動詞の過去分詞形」と表現してある箇所が散在する。ラテン語文法に「過去分詞」という文法カテゴリーは存在しない。ラテン語文法には英文法から失われた古代の印欧語特徴が多々あり，文法用語も英文法のそれとは違ってくる。関心のある方にはラテン語文法の学習をお勧めしたい。

# 給付と履行

　給付は債権の目的であり，債務者がなすべき行為である。これに対して，履行（弁済）は給付を現実に行う行為，すなわち債権の目的を遂げ，債権を消滅させる実際の行為であり，債務者以外の第三者によってなされてもよい。給付と履行（弁済）の区別は，債権関係を抽象的に体系化するドイツ法に由来する。当事者主義のコモンローはこうした体系化と無縁である。英語には履行（弁済）という概念はあるが，これと区別される給付概念は存在しない。日本政府お墨付きの『法令用語日英標準対訳辞書』は「給付」を原則として performance of obligation，ほかに payment（金銭などの給付），delivery（物などの給付），benefit（医療給付など）と訳している。だが，これらの英語はいずれも本来，履行（弁済）を指している。

　「給付」は独語 Leistung，仏語 prestation の和訳である。淵源をたどるとラテン語の praestatio に行き着く。動詞形 praestare は前綴り prae（英語の pre-,「あらかじめ」「先に」「面前に」「他より秀でて」）が語根 stare（「立っている」「置かれている」，英語の station の祖語）に付いた形で，「秀でている」「面前にある」「相手の面前に置き，引き渡す」などと意味が広がる日常語だった。また，praes は「面前

にいる人」から転じて「（背後にいる人を）保証する人」「保証人」「保証」という名詞にもなり，praestare は「保証人に立つ」という意味でも用いられた。ローマ法で praestatio は（権利者に対する義務者の）支払い・引き渡し，あるいは（支払い・引き渡しの）保証，を意味した。履行と給付はまだ渾然としていたといえる。

praestatio は義務者と権利者の間の関係を指す語（第1話の obligatio と同様）。仏語の prestation はこの関係を義務・権利の両面から捉えた多様な意味を持つ（給付義務としての「夫役」「税金」「宣誓」，受給権としての「給料」「社会保障給付金」など）。仏語は動詞形 praestare をラテン語から受け継がず，代わりに"realiser la prestation"（給付を実現する）などと表現して給付とその実現（履行・弁済）を語法上，区別する。この区別を我々が知る形に理論化したのは19世紀ドイツ法学。独語の Leistung は元来「努力して何かを成し遂げる」を意味するが，ドイツ法学はこれを具体的な履行 Erfüllung（英語なら fulfillment）とは異なる抽象的な給付概念と化した。

仏語 prestation は中世の英語にも移入されたが，英語ではじきに廃語となった。コモンローには弁済・履行という概念で十分であり，給付概念は不要だったのである。例えば，service（経済用語の「サービス」）は仏語で prestation de service，独語で Dienstleistung という。独仏は「サービス給付」という発想だが，英語では「給付」が欠落している。英語には「サービス給付を実現する」というくどい言い回しはない。英語圏では，サービスは当事者間で契約され，履行される限りのもの。訴訟となれば契約の有効性や履行の有無が争われる。給付概念が出る幕はない。

先に列挙した「給付」の英訳表現は，いずれも日本法における給付概念とニュアンスが異なる。まず，perform は中世に仏語から

parfournir（完成させる）が移入・変形された末裔で，「成し遂げる」「一定の成績を上げる」「（役者が）演ずる」など広い文脈で使われる日常語。「債務を履行する」という法的文脈でも用いられ，コモンローを補完するエクイティでは specific performance（特定履行）という司法上の救済命令が制度的に存在する。

payment は典型的な弁済すなわち支払いの謂。動詞形 pay（仏語 payer）の祖語をたどるとラテン語の pacere（「合意する」，「話し合って合意に至る」）[1]。この語が「弁済」の意で使用される例はローマ法になかったが，仏語・英語に受け継がれてから「（合意した金額を）支払う」の意に転じた。

delivery の祖語はラテン語の deliberare（手から物などを放す，解放する）。原意から転じて「配達（物を相手に渡して手を離す）」「物の手交・引渡・給付」などと意味が広がる。物理的な状態の変化を指す語で，もともと法律用語ではない。英語では現物給付（実際に手渡すこと）を指して用いられることがある。

benefit はラテン語の beneficium（善行），benefacere（「他者に善を施す」「他者を利する」）が祖語。この語は施す人と施される人の関係を指し（やはり第1話の obligatio と同様），施す側から見ると「慈善」，施される側から見ると「恩恵」「利益」，などと意味が広がる。語源に忠実に考えると，債務によらず慈善で行う寄付が典型的な benefit であり，国による医療給付や障害給付はその一例。これら給付は給付行政の一環だが，本来，「給付行政」とはドイツ行政学用語（原語は Leistungsverwaltung）で，「国は徴税により国民に対する債務者となり，徴税額に見合った給付を行う義務を負う」という意味。ドイツ国民は「大きな政府」を是とし，手厚い行政給付を受ける代償としてかなり高額の税金を支払っている。この税制を適正に再配分するのが給付行政の役割である。他方，累進課税などを通して国民間

で所得再配分がなされるため，高所得者は納税額に対して受け取る行政サービスが比較的小さく，低所得者は大きくなる。この文脈では，給付行政とは高所得者から低所得者への benefit が制度化されたもの，と言えなくもない。なお，日本では企業も個人も増税を嫌う一方，困ったらすぐ国の支援を求める傾向があり，国もバラマキ政策で応える（その結果が千兆円超の借金）が，これは給付行政と似て非なるもの。日本には高所得者・低所得者を問わず，国を慈善主と勘違いしている人が多いようだ。ドイツよりもはるかに強く自助と自己責任が基調となる英語圏では，国に甘える日本の常識はなおのこと通用しない（第17, 18話参照）。

なお，『辞書』は「履行」を performance,「不履行」を non-performance と訳すが，「債務不履行」を default（所謂デフォルト）と訳している。「債務履行」はもともとドイツ法の Erfüllung der Schuld の直訳,「債務不履行」は Nichterfüllung der Schuld の直訳である。英語の default はコモンロー用語で，仏語の défaut（不足，欠陥）が中世に導入されたもの。「債務不履行」を default と英訳できても，両者には内容的な違いが残る。日本では債務不履行時の損害賠償請求には相手方過失の立証が必要だが，コモンローでは default 時にこうした立証は不要。契約違反なら相手方が無過失でも損害賠償請求できる（strict liability）。

法律用語の英訳は，このようにローマ法系とコモンローの2つの伝統を橋渡しする作業となる。

### 注

1) ラテン語では pacere より接尾辞のついた paciscere という形がより頻繁に用いられた。pacere の名詞形は pax（英 peace「平和」の語源），完了分詞形は pactum（英 pact「協定」「協約」の語源）。ローマ人にとって平和は天から与えられる静的な状態ではなく，能動的な

交渉により形成される合意状態（約束をした状態），しかも合意・約
束を意図して守ることで能動的に維持されるものであった。第1話で
紹介した obligatio と同様の人間観がここにはある。

# 責任概念

　日本では毎年のように，取締役の責任が問題となる企業不祥事や事件が発生している。2015年には東芝の会計不祥事，東洋ゴムの耐震偽装などが問題となった。2012年に発覚したオリンパスの粉飾決算も記憶に新しい。責任概念は法律のあらゆる分野に登場し，その意味も一様ではない。以下では民事の文脈に限って解説したい。民事に限っても，英語で「責任」は responsibility, liability, accountability, charge などさまざまな語で表現される。

　民事で最も基本的な責任概念は，債務者の責任（弁済義務）だろう。これに対応する英語は liability。例えば，製造物責任（PL）法における「責任」が liability である。この語は仏語由来で，もともと仏語の動詞の lier（結び付ける，縛る）に ability（能力）が付いたもの（現代仏語で liabilité は廃語）。「結び付きや縛りに応える能力」が原意である。lier はラテン語 ligare（obligatio の語根部分，第1話参照）がフランスに入り変形した語。他者との結び付き（ligare）に身を置いた者（すなわち，他者と obligatio 状態にある者）には，その結び付きに応える能力がある（liable）はずだし，応えるべきだ，つまり契約に従って弁済すべきだ，という発想でできた概念である。

14

　仏語 lier やラテン語 ligare は，物理的結合や心の結び付きなど，広い文脈で使われる日常語。法的な文脈では ob（結び付く対象を明示する接頭辞）がついた obligatio 系の語が用いられることが多い。ラテン語や仏語，英語は債務者の責任を長らく ligare や obligatio 系統の語，debitum 系の語（第4話参照），そして imputare 系の語で表現してきた。後者はラテン語の動詞 putare（形を整える，みなす）に in（対象を明示する接頭辞）が付いた形で，「誰々を云々だとみなす」「云々を誰々に帰する（誰々のせいにする）」などと意味が広がる。仏語形 imputer，英語形 impute もほぼ同義。法的には，責任そのものでなく，責任の有無に当事者間で争いがあるとき一方が他方に帰責する，あるいはある人の責任を別の人に転嫁して帰責する，という文脈で「被告は imputable だ」と使われる。

　フランスで法典編纂が試みられた18世紀後半，原告から見た被告の帰責性を表現する imputable のほかに，法廷の目線で責任を公正に表現する語が必要とされた。この意味で用いられるようになったのが responsable である。元の動詞 respondere は「応答する」「応える」「反応する」「債務を返済する」などと意味が広がるラテン語の日常語で，ローマ法では法廷で被告が尋問に応答する（弁明する）という意味でも使われた[1]。responsable という仏語は18世紀後半まで用例希少だったが，啓蒙思想の影響下，「人は自由を行使した結果を自ら引き受けるべし，他者に対して自ら引き受けると応答すべし」という意味で広く法的・道徳的・社会的な責任を指して使われ始めた。ナポレオンの民法典にも「自由を行使して契約を結んだ債務者には債務に応える（弁済する）べきだ」という文脈で取り入れられた（1383条など）。これがボアソナードにより日本に持ち込まれ，「責めに任ずる（責任）」と和訳が生まれた。

　英語の responsible も18世紀後半まで用例の少ない語だったが，

仏語と同時期に同様の広い文脈で汎用され始めた。現在でも法律用語としての「債務者の責任」は liability であり，responsible は広い意味での法的責任（どちらかというと口語的文脈で），更に道徳的・社会的責任を指して使われる（「企業の社会的責任」「将来世代に対する現在世代の責任」など）。たとえば directors' responsibility（取締役の責任）というと，注意義務や忠実義務（第6話参照）など法的責任の総称であるとともに，市場の信認を得るために取締役が果たすべき道徳的・社会的責任をも含む表現となっている。

コモンローにおける charge は，mortgage と異なる一種の担保権（債務者側から見れば担保責任）のこと。charge の祖語は後期ラテン語の carricare（荷馬車 carrus に荷を積む）で，原意は「馬に負荷をかける」。ここから「負担させる」「請求する」「任務を帯びさせる」などと意味が広がる。負荷・負担をかけられた状態にある（in charge of...）という文脈で「責任」という意味も派生する。民事の文脈では，一般に債権者が債務者に具体的な請求をする際に使われる（"He charged me five dollars" のように，普通は代金額で）。「代金」「手数料」という意味がここから派生する。なお，前綴り dis（「取り除く」の意）が付いた discharge は，「担った負荷を完済して肩の荷を下ろす」すなわち「責任を果たす」のほか，「負荷を取り除き免除する」すなわち「免責する」という意味（倒産法の文脈）にもなる。

民法では，責任が債務から区別されることがある。例えば，物上保証人は自己の不動産等に抵当権を設定され，債務者でないにもかかわらず抵当権者に責任を負う（権利を行使されると自己の不動産を失う）。つまり，債務がないのに責任（負担）がある。これは19世紀ドイツ法学がなした区別で，日本法に継受された（債務 = Schuld, 責任 = Haftung）。そのまま英語に訳すと，債務は obligation, 責任は liability となる。だが，コモンローでは obligation と liability は区別

されない。保証人は保証契約に加わって自ら債務者となり，その限りで責任（負担義務）を負う。債務と負担義務は同じ事柄である。

accountability の祖語は仏語 accompter（死語），さらに遡ると後期ラテン語 accomptare。これは computare（「数える」「計算に入れる」「考慮する」，英語 compute の祖語）に ad（方向と到達点を明示する前綴り）が付いた形。account は「どこまで計算に入れるか」「どこまで考慮できるか」という文脈で「説明」「詳細」「勘定」などと意味が広がる。accountability は「説明能力」が原意で，現代米国や日本では主に取締役や理事，監事の説明責任のことだと理解されている。すなわち，「あなたは一定の業務を任されており，その業務の範囲内で知り得た事実および自らが下した判断について，仔細を熟知しているはずだ。その仔細を説明できるはずだし，説明すべきだ」という趣旨である。現代英米ではあらゆる職務に法的・道徳的な説明責任を広く問うのが基本で，政府や政治家，一般労働者などの職務上の説明責任も重視される。

日本で政治家の説明責任が追及されるのは汚職や失言などの不始末くらいのもの。バブル発生・崩壊の責任を誰も取らなかったように，政策上の失敗は不問にされることが多い（有権者は選挙でその責任を問うこともできるのだが，日本の多くの有権者は政策責任を問う場として選挙を捉えてはいないようだ）。企業活動でも責任はあいまい。一般労働者は自分が職務上，どういう責任をどこまで割り振られているのか，あまり意識していない。大企業の取締役すらまともに責任を自覚していない。オリンパス事件で粉飾を主導した取締役は言うまでもないが，粉飾を見逃し続けた歴代のヒラ取締役の面々も，説明責任を果たさなかったことになる[2]。責任うやむや主義は日本の伝統かもしれない（生活の知恵ですらあるかもしれない）が，グローバルスタンダードでは通用しない。

## 注

1) respondere は spondere（「意志する」「誓う」）に強調や繰り返し，対抗を意味する接頭辞 re がついた形。ローマ法時代の契約は当事者が spondeo（私は誓う）と声に出して誓う神聖な儀式であった。responsible はこのローマ法時代の慣行が残響する語だとも言える。

2) 後で責任を問われると，ヒラ取締役は決まって「ワンマン社長がすべてを決めてしまい，取締役会で社長の決定に反対意見を唱えられるような雰囲気ではなかった」という内容の言い訳をする。確かに長いものに巻かれる日本の風土では理解できるのだが，欧米の価値観で見るとガバナンスの失敗以外の何物でもない。なお，オリンパスの粉飾は，バブル崩壊後に発生した不良債権を子会社に移し替えて簿外に隠し（いわゆる「飛ばし」），20 年以上かけて少しずつ埋め合わせていくことで隠滅しようと歴代の社長及び少数の取締役が指導して行ったもので，2012 年に発覚した。オリンパスが移し替えた 90 年代当時は商取法に移し替えの開示義務はなく必ずしも違法ではなかったが，2000 年代初頭の法改正で違法になった。

# 義務と責任

　現代的な理解では，責任と義務は異なる。責任とは，自由を行使した結果を自ら引き受けること（自己責任）。自分の自由意思で何かを決めたら，望ましくない結果が出ても甘受すべし。他方，義務とは，自分の自由意思と独立に，何であれ規範（宗教的規範，道徳的規範，法的規範）が命ずるもの。現代社会では自由と自己責任が立法論の原則であり，義務は少ないほうがいい，と考えられている（「規制緩和せよ」「岩盤規制を撤廃せよ」）。

　「義務」の定番的英訳 duty はもともと仏語で，動詞 devoir「借りている」「せねばならない」の過去分詞 dû から作られた抽象名詞。dû も英語に入り英 due となった。devoir の祖語はラテン語の debere，この動詞は前綴り de（「～から離れて」）が語根 habere（「持つ」，英 have に相当）に付いた形で，「（他人の財物を）他者から借りて所持している」が原意。本来は他者に帰属する財物を借りているなら，その財物は他者に返さねばならない。ローマ法で debere は一般に「返さねばならない」「（債務を）果たさねばならない」の意で使われた。つまり，due の原意は「借りられた状態にある」「返さねばならない」，duty の原意は「財物が借りられている状態」「借りられ

ている財物そのもの」，すなわち債務である。

debere の過去分詞形[1] は debitum で，その原意は duty と同じ。
このラテン語は名詞として頻用され「返済義務」「借金」「負い目」
「罪」「恩義」と意味が広がる日常語で，ローマ法の文脈では
creditum（第1話参照）の相関語でもあった。creditum が信用とい
う観点で債権者と債務者の関係を表現するのに対して，debitum は
「財物が返されねばならない」という観点で両者の関係を表現する。
この観点では債務者は財物の借り手であり，debitor と呼ばれた（債
務者，英語 debtor の祖語）。仏語 dette，英語 debt（負債，借金）は
debitum から派生した。

つまり，duty と debt は元来，同じ語であり，債務を意味する。
debt は今も原意を保つが，duty はより一般的な「義務」を表す語
へと変質した。ラテン語で一般的な義務を意味する語は debitum で
なく，むしろ munus や officium であった。前者の語根 mun には
「建てる」「城壁を作る」「城壁内の共同体において果たすべき務め
を果たす」という意味の広がりがあり，munus とはその「務め」
にほかならない（語根 mun は community や communication の語根となっ
ている）。後者の officium はもともと ops（力，権力，威力）に facere
（する）が付いた形。「力を発揮する」「力をこめて他者に奉仕する」
が原意で，一般にローマ市民が共同体において占める地位や役割に
付帯する義務を指す（例えば市民なら従軍義務があり，子なら親の扶養
義務がある，など）。この義務は，自然人の意思で変更できるもので
はなかった。自然人の側から所与の地位付帯義務へと自分を適合さ
せ，引き受けねばならないものだった。この意味は現代英語の
office（役職，ポスト）や officer（一定の地位にある人），officious（つい
力を込めてしまう，おせっかいな）にも受け継がれている。

では，責任概念はどうか。個人の自由と責任を基調とする近代的

人間観は古代ローマでは未発達で，現代の責任概念（responsibility）
にぴったり当てはまるラテン語は存在しない。文脈に応じて culpa
（罪や負い目），pietas（忠実さから来る使命感），cura（親が幼子に感じる
扶養責任）などが責任に相当するが，debitum（債務者の弁済義務）や
officium（地位付帯義務）も責任を意味する。ローマ債権法は第一義
的に自由市民である家長たちの行為規範であった。多くの場合，
debitum は家長が自由意思で引き受けた債務であり，果たすべき責
任であった。近代法は，家長のみならず誰でも平等に自由を享受す
る方向へと発達してきた。この文脈では，debitum は現代的な責任
概念の先駆けである。

　また，ローマ社会における officium は各人が選択の余地なく引き
受けるべき責任であり，ローマ人たちはこれを喜んで引き受けた。
自由と私的自治という法原則に慣れ親しんだ現代人は，officium を
周囲から押し付けられたもの，克服されるべき前近代の残滓，とみ
なす傾向にある。だが，officium は決して過去の遺物ではない。子
が年老いた親に対して感じる責任，国民としての責任，地球市民と
しての責任など，時代を超えた普遍性を持つ officium は数多存在す
る。人は自分の意思にかかわらず，生まれながらにさまざまな共同
体（家族，地域，国，人類共同体など）に所属している。その限りにお
いて，自分の自由意思とは無関係に果たさねばならない責任が我々
に多々課されている。現代法の中にも，保護責任，善管注意義務，
公序良俗規定などの地位付帯義務・責任が見いだせる。officium は
現代においても切実な課題であり続けている。

　こうした officium の重要性を説くのが，日本でも有名になったマ
イケル・サンデルらが提唱する共同体主義である。古代ローマ社会
では地位付帯義務・責任が固定的かつ不動の所与とされ，神として
具象化されるものすら幾多あった（正義を司る女神ユスティティアな

ど）。プラトンのイデア論よろしく，officium は永遠不変，永続的な
ものと見なされがちだった。このようなビジョンは現代では通用し
ない。サンデルらは，所属する共同体の中で我々が果たすべき役割
（価値規範）を重視しつつ，各共同体が自閉せずに対話へと自らを開
くよう促す。社会の変質や流動化に合わせて，果たすべき役割を柔
軟に再考することを提唱する。これにより，自由を強調する近代法
が見落としがちだった側面を補おうとするのである。

　現代企業がここから学ぶべき点は多いと思われる。市場を通して，
国籍を問わず一般市民がいつでも株主となれる時代になった。営業
の自由を盾にとって会社の目先の利益のみに固執する昔ながらのや
り方では長続きしないし，世界を敵に回しかねない。家族，地域，国，
人類共同体など多様なレベルの共同体と対話を重ね，企業の利益が
これら共同体の利益とできるだけ一致することを目指さないと，こ
れからの企業は生き残っていけないだろう。こうした一致を目指し
て，いつも時代も「あるべき法」が模索され，具体化されていく。
欧米流の法の支配はこうしたダイナミズムを許容する。法は安定的
に運用されないと社会秩序が保てないが，だからといって硬直的な
ものであるわけでもない。地道で実効あるコンプライアンスの重要
性はこの文脈で捉えられねばならない。法が課す義務は必ずしも企
業活動の障壁ではない。それが人類共同体にとって必要な義務であ
るなら，企業にとっては挑戦へと駆り立て，自己革新と成長をもた
らす喜ばしき義務となるはずだ。


注

1)　正確に言うと，完了分詞形の中性形。第 1 話の注 1 を参照。

# 善良なる管理者

　企業不祥事や事故などで，取締役が善管注意義務違反を問われることがしばしばある。『法令用語日英標準対訳辞書』は「善管な管理者の注意」を due care of a prudent manager と英訳するが，この訳の背後にある歴史的背景を概観したい。

　日本民法中の「善良な管理者」という語はボアソナードの置き土産で，その源はフランスにある。フランス民法は法律行為を結果の重大性に応じて保存行為，管理行為，処分行為に分類する。保存行為は資産の保全，管理行為は資産の運用・改良，処分行為は資産の売却など（処分については第28話参照）。この3区分は日本民法の条文中にないが，代理や共有不動産などに関する法解釈においてそのまま踏襲されている。

　「管理」は仏語で administration，語源はラテン語で，元々は前綴り ad（何かに対して）が語根 minister（「召使い」）についた形。この語根は minus（小さい，劣った）からの派生形で，動詞形 ministrare の原意は「（劣位のものが優位のものに）仕える」「世話する」。すなわち，管理者とは資産に対して召使いのごとく仕える者のこと。そして，この場合の資産とは，第一義的に，自分のものではない資産（他

人の資産，公共の資産など）である。現代仏語・英語で administration は「行政」を意味することが多いが，これは「公僕として国に仕えること」が原意。ちなみに，minister は神に仕える文脈なら「聖職者」，王に仕える文脈では「大臣」を意味する。

仏語で「取締役」は adminisitrateur（管理者）と呼ばれる。取締役は株主から預かった資産を運用して事業を進め，資産を成長させて株主に還元する。つまり，取締役は会社資産に対していわば召使いとして奉仕するわけで，仏語表現はこれを端的に示している。新興ベンチャー役員だろうと，老舗企業の役員だろうと，この点に変わりはない。

フランスや日本などローマ法の伝統下では，取締役は委任契約の対象である。委任とは元来，専門技能を持つ人（受任者）が無償かつ片務的にその技能を施す場合の契約形態で，ローマでは医師や弁護士，技師などがその典型例だった（実際には報奨を受け取ることが多かった）。委任はラテン語で mandatum，これは manum dare（手を与える），in manum datum（手中に委ねられた）に由来する。玄人の手にお任せする，ということである。取締役もその専門技能を見込まれて株主から資産管理を委ねられる玄人である。

つまり，取締役は一方で株主に対して技能上優位にあるが，他方で株主の資産に奉仕する劣位者であることになる。これは矛盾に見えるが，実は矛盾ではない。起業家は医師や弁護士とは違い，株主を説得して出資を仰がねば事業展開できない。資産を有効に事業へと活用する専門技能と，事業を通して資産を成長させるべく奉仕する心意気とを併せ持たねば，取締役にはなれない（はずである）。なお，こうした新手の受任者（会社取締役）が登場したのは欧州大陸でも近世以降で，ローマ時代の共同事業はみな個人の組合として営まれていた。

第5話　善良なる管理者　*25*

　管理者の「善良さ」は過失がないことを意味するが，これもローマ法起源の考え方。管理者が善良かどうかの判断指針として，欧州大陸では伝統的に家父との類比が用いられる。家父は一般に，適切な事実認識に基づいて将来を予見し，危険を回避して家族や家の資産を守っていかねばならない。一人ひとりが自分の資産に対して払う注意の程度には個人差があろうが，どんな家父であれ，一般にその地位に期待されている程度の注意を払わねば「善良」とは呼べない。管理者も同様に，予見義務と危険回避義務を果たし，自分が仕える資産を守っていかねばならない。その際に管理者に求められる注意の度合いは，家父に期待される注意の度合いと同程度である。期待される程度の注意を払えなかった管理者は善良ではなく，過失があることになる。この指針は具体性に欠けるが，日本を含むローマ法系諸国で今も役割を果たしている。

　英語圏の法には管理者を家父と類比的にとらえる習慣がない。manager の語源は仏語の manèger，伊語の maneggiare（馬を調教する）。この語にはやはり「手（manus）」が含まれるが，その原義は「手で制御する」「手懐ける」。つまり，manager とはその都度の状況を制御し，自分の判断で道を切り開く人，あるいはそうした裁量・権能を持った人のこと（経営者，部課長など）。与えられた権限の範囲内で予見義務や危険回避義務に服するが，業務をうまくこなして結果を出せばよいだけの存在であり，家父や奉仕者（administrateur）というニュアンスはない。また，英語で「取締役」はふつう director があるが，こちらは「（経営を）方向付ける人」の意。やはり信認（第6話参照）を受けて結果を出すべき役割が期待されるだけで，家父でも奉仕者でもない。

　management に相当し得る仏語として適切なのは administration でなく gestion かもしれない。この語は上記の保存・管理・処分行

為をすべて含む広義の「管理」を意味し，gesture（振るまい，身振り手振り）と同語源。祖形はラテン語 gestio，その動詞形 gerere は「はらむ」「担う」「（特徴などを）持つ，示す」「（感情などを）抱く」「ふるまう」「手足を動かす」「実行する」など広範囲にわたる人のふるまいを指し示す。仏民法で gestion d' affaires と言うと事務管理のこと。これはローマ法の negotiorum gestio（直訳すると「取引を担う」）が継受されたもの。古代ローマでは農民や兵士が不在の間に（委任によらずして）第三者がその資産を保存・管理・処分するルールが必要とされた。しかし，この広義の管理者にも「不在の本人にとって良かれ」というパターナリズムが期待され，善良な家父の注意が求められる（資産を処分してしまうときには事後的に本人の追認が必要とされる）。ローマ法の伝統には家父との類比が強く根を張っている。

　英語の prudent はラテン語の providentia（予見）が崩れた形。prudent manager とは「将来を予見し，機会を機敏にとらえて良い結果を積極的に実現し，悪い結果は回避し，抜け目なくかつ慎重にやっていく人」である。care はゲルマン語で元来「悲しみ」「不安」，ここから「（不安に駆られて周囲に配る）注意」へと意味が広がった。英米法で prudent manager に期待される due care（due については第4話参照）は，実際には日本法の「善良な管理者の注意」と内実的にほぼ同じ。なお，『辞書』は会社法 593 条「業務を執行する社員は，善良な管理者の注意をもって，その職務を行う義務を負う」の法務省訳を引用する（"Partners who execute the business have the duty to perform their duties with due care of a prudent manager."）が，この英訳には duty，duties，due と三回も due 系の語が含まれる。日本法の条文を誤解なく正確に訳出しようと努めた結果なのだろうが，英語圏の人の目にはいかにもぎこちなく映る。

# 信認　fiduciary

　ローマ法系諸国では契約が類型化され，日本民法も 13 の典型契約を区別している。また，契約を体系化するために 19 世紀ドイツ法学が「法律行為」なる抽象概念を生み出し，これが日本にも踏襲され民法総則に置かれている。他方，英米法には契約を体系化・類型化する伝統はなく，「法律行為」なる用語も導入されていない。契約は原則，合意と約因があれば成立するという限りのもの。

　ローマ法系で医師や弁護士，会社取締役など専門技能を行使する職種は委任契約の対象である（第 5 話参照）。英米法では，こうした職種は信認関係（fiduciary relation）にあるとされている。信認関係は，契約を結ぶ以前の問題としてそもそも「相手（の技能）を信頼して託す」という立場上の関係であり，英米法のエクイティで法的関係として認められている。受認者（fiduciary）には与えられた信認に応える義務があるが，技能行使に際して大きな裁量がある。裁量の結果，患者の死亡や敗訴，経営破綻などに至るリスクもあるが，それが注意深く忠実かつ誠実に信認に応えようとした結果止むを得ぬものであるならば，信認関係そのものが崩れることはないし，法的にお咎めがあるわけでもない。

fiduciary という英語表現は 16 世紀末頃にフランスから導入された。語源はラテン語の fiducia，これは fides「誠実」「信頼」から派生した名詞で，「誠実であること」「信頼すること」（相互的信頼関係）を意味する。紀元前のローマ法には fiducia と呼ばれる典型契約があった。債務者が自分の土地と引換えに債権者から金品を得て，土地の所有権も債権者側に移転させてしまうが，金品を返せば債権者は信頼に基づき土地を戻してくれる，という譲渡担保契約（信託質）である。ローマ人たちは信義則（bona fides，英 good faith）を重んじたのでこの制度は当初うまく機能したらしい。だが，債務者が土地を自分で使用できなくなる，債権者が土地を第三者に譲渡すると債務者には取り戻す術がない等の欠点があり，紀元後には廃れて非占有質（抵当権）に取って代わられた。

これとは別に，初代皇帝アウグストゥスの時代に信託遺贈（fideicommissum：直訳すると「信頼に委ねられた状態」）という相続方式ができた。ローマではもともと未婚の子や女子への相続が認められなかったが，幼子を残して家長が死亡することも多かった。家の財産を次世代に継承させるため，信頼に基づいて第三者にいったん遺産を託し，然るべき時が来たら子に相続させる法制度の必要性が高まり，アウグストゥスがこれにお墨付きを与えた。信託遺贈はフランスを含む欧州大陸に広く継受された。

こうしたローマ法の伝統とは独立に，中世のイングランドでも信託（trust）が必要とされる状況が生まれた。十字軍など海外遠征に参加する騎士たちが自分の土地を第三者に託して出発したが，帰還後に土地を返してくれないトラブルが頻発した。コモンローには原則，金銭的解決のルールしかなく，土地は戻ってこない。この不備を埋めるべく大法官（Lord Chancellor）が「第三者は受託者（trustee）であり，帰還後の騎士から求められたら土地を返却する義務がある」

第 6 話　信認　fiduciary　29

というエクイティ（衡平法）を生み出した。これが現代英米信託法
の直接的な起源だが，大陸で継受されていたローマ法系の信託と構
造が似ていることから，16世紀末頃から仏語表現を用いて受託者
を fiduciary とも呼ぶようになった。

　17世紀になると英国では王党派と議会派の対立の中で「為政者
は民から権力を信託された限りの存在である」という考え方が広
がった。ホッブズやロックの社会契約説に代表される考え方である。
また，株式会社という組織が誕生し[1]，起業者を信頼して出資者が
資産を託す，という信託関係も登場した。これらの文脈における受
託者も fiduciary と呼ばれた。現代では医師や弁護士，投資信託な
ども含めて，実に多様な関係を指してこの語が使われており，この
多様性を反映して日本語訳もバラバラになっている。法律の文脈で
は fiduciary duty は一般的に「信認義務」だが，信託法の文脈では「受
託者責任」と訳され，「信任受託義務」と丁寧に訳す人すらいる[2]。

　取締役の信認義務に話を限ろう。日本の民商法はドイツをお手本
に制定され，取締役は受任者であり善管注意義務を負うとされてい
る。第二次大戦後，商法は次第に米国の影響を受け，1950年には
旧商法254条3項に取締役の「忠実義務（英原語は duty of loyalty）」
が導入された。この「忠実義務」は当初，日本商法の歴史的経緯か
らして，善管注意義務と内実的に同じであると考えられた（いわゆ
る「同質説」，1970年の最高裁判例も踏襲）が，新会社法が制定された
現在では fiduciary duty という考え方が日本を席巻し，雲行きが変
わりつつある。

　英米法に棹させば，忠実義務は注意義務（duty of care）と異なる。
後者は日本の善管注意義務と同様，過失の有無の基準。対する前者
は，第一義的に，自己利益を受益者利益に優先させるエゴイズムを
禁止する（利益相反禁止，競業避止）。忠実義務が取締役に求めるのも

これ。取締役の忠実義務違反は過失によるものもあろうが，典型的には故意だろう。これらの点で，「家父」というニュアンスやイメージ（第5話参照）は英語圏の取締役に微塵もないのが分かる。

「忠実」を意味する形容詞 loyal はもともと仏語で，ラテン語の legalis がデフォルメした形。この語は lex（法）から派生した形容詞で，「適法の」「法に忠実な」が原意。しかし，歴史の変遷の中で loyal は王党派や保守党のレッテルとなり，自分が忠実たらんとする政治勢力の利益を果敢に最大化することを含意するようになった。同様に，忠実義務が取締役に求めるのも単なるエゴイズムの禁止に留まらず，会社利益の最大化と解されがちである。この文脈では，英語圏の取締役は administrateur（第5話参照）と異なり，積極的にベンサム的な功利主義へとコミットしていることになる。

リーマンショック時に某社が American International Greediness と揶揄されたが，この例に限らず，現代米国の取締役は貪欲な利益最大化と株主還元により忠実義務を果たそうとする傾向がある。ちなみに独語で loyalty は Treue，「信義則（Treu und Glauben）」や「信託（Treuhand）」にも含まれるこの語は英語の true, truth（真理，真実）と同語源。Treue はラテン語の fides と同様，純粋な誠実さを意味し，貪欲さを含意しない。会社内部だけでなく，社会全体に目を配ることも大切である（独語では「会社」も「社会」も Gesellschaft）。果たして米国流がいいのかどうか，冷静に考えてみる余地はある。

## 注

1) 世界最初の株式会社はオランダの東インド会社（1602 年設立）。これに対してイギリスの東インド会社（1600 年設立）は当初，航海を計画するたびに出資を募り，航海終了後は出資金と利益をすべて返還する方式を取っていたので，継続的な資本を有していなかった。オランダ同様の株式会社に改組したのは 17 世紀半ば，クロムウェルの時

代である。

2)　経済学者の岩井克人は会社経営者を fiduciary 受任者という観点で「信任受託者」と形容している（同『会社はこれからどうなるのか』2003 年平凡社，等を参照）。

# 事務と業務

　日本の法律用語には「義務」「債務」など「務」で終わるものが多い。こうした用語の来歴について考えてみたい。「務」とは、困難に立ち向かい力の限り進む、の意。「義務」は duty、「債務」は obligation の直訳語で、明治期の新造語。「事務」や「業務」は古くからの二次熟語だが、明治期に欧州の法律用語の直訳語へと転用され、現在に至っている。

　こうした直訳語で最古のものは「事務」だろう。これはもともと、中国の古典『管子』に用例があり、「事（取り組むべき課題）に務める」を意味したが、中国で活動したプロテスタント宣教師ロプシャイトが『英華字典』(1866-69) の中で business, affairs の訳語に充てた。この字典は明治期の翻訳語新造に影響が大きく、「事務」の訳は日本でも踏襲された。現代でも「委任事務 (entrusted business)」や「行政事務 (administrative affairs)」などの法律用語の中に生きている。

　ロプシャイトはおそらく「仕事」という意味での business, affairs を見出し語としたのだろう。この二語は本来、人の活動を幅広く指す英語表現で、仏語なら affaire、独語では Geschäft、ラテン語では

negotium に相当する。business は busy の名詞形，「休んでいない（手や心がふさがった）状態」が原意。affaire は前置詞 ad（向かう）＋動詞 faire（する）で「すべきこと」「用件」の意。Geschäft は前綴り ge（総体）＋動詞 schaffen（「生み出す」）が語源で，「人の行為が生み出すもの」（あるいはその総称）。negotium は nec（否定辞）＋otium（暇）で，「暇がない（忙しい）状態」を指す。これらはみな，人がときに困難を克服しつつ従事する活動一般を指す。とりわけ反復・継続される活動，なかでも生活目的で他者とやり取りする「仕事」「取引」「商売」が，その中心的な意味になる。

原語のこうした背景を遺漏なく伝えるために，ロプシャイトは「事務」を訳語に選んだと思われる。だが，「事務」はその後，日本で独り歩きを始める。すなわち，書類仕事（企業活動では「生産現場」と異なる部局）を指す語へと矮小化され，手続重視で杓子定規，人情味のない役所仕事，というニュアンスすら最近はつきまとう。このようなニュアンスは business（合目的かつ能率的な実務）にはない[1]。

明治になると，business などの反復・継続的側面をより明確に表現する訳語「業務」が登場した。「業」はもともと，反復・継続により磨かれる技能のこと（「学業」「偉業」など）。「業務」は，技能を駆使して務める，の意で古典『商子』に用例がある。これが business の訳語に転用された。ところが，現代人は「業務」を職業上の行為に限定して理解するようになっている。それゆえ，法学部生は「私的なドライブで交通事故を起こしても業務上過失に問われるのはなぜ？」という疑問をよく抱く。「業務」も「事務」同様，business の原義から離れて独り歩きしていったのである。

現行刑法の制定者はこの独り歩きに一役買った。彼らが手本とした 1871 年制定のドイツ刑法は，単なる過失と職業上過失（特に鉄道や渡し船など人に対する危険を伴うもの）を区別し，後者に刑を重加算

した。日本刑法はこの区別を継受し，後者を「業務上過失」と呼んだ。これにより，「業務」を職業上の行為に限定する理解が加速した。昭和30年代になって，刑法上の「業務」は反復・継続される活動一般を指す，と法解釈が変更された。「業務」の本来の意味に戻ったのである。これが現代の法学部生には逆に珍奇に映るようだ。『法令用語日英標準対訳辞書』は刑法211条「業務上過失致死傷」における「業務上」を敷衍的に in the pursuit of social activities と訳しているが[2]，原語の business なども「仕事」を指すことが多くなっている以上，やむを得ないのだろう。ただし，独語 Geschäft は「法律行為」をも意味するなど広い用法を維持している。現代人の感覚で私的ドライブが「業務」だとは言いづらくても，「法律行為」である（事故を起こせば不法行為に問われる）ことは法律学徒には明白だろう。

　「業務」や「事務」はなぜ独り歩きしたのか。もう一つの「務」で終わる語，「役務」（『辞書』では service）が手がかりになる。「役務」も古く『後漢書』に用例があり，帝の命で民が兵役などを務める，という文脈で使われた。「務」はもともと，兵役に駆り出された民が矛で敵を倒そうとするさまを示す漢字。帝の命令は民にとって絶対で，自分の意思ではどうにもならぬ定めだと諦めて従うしかない。「事務」「業務」にも同様の含意がある。すなわち，事務も業務も「務」である限り，自分の意思と無関係に課されたものであり，私情を交えることができないばかりか，私的意思とはそもそも別次元の問題となってしまうのである（別次元性についてより詳しくは第17話参照）。それゆえに事務は人情味なく杓子定規であり，私的ドライブは業務でなくなる。

　他方，近世以降の欧米法に従うと，service は個人が自分の意思で契約を結び，その限りで発生する課題を果たすこと。business や

affaires もこれと同様，法の支配の下で個人の私的意思が発露する限りのもの。会社や官庁での事務や業務も，自分の意思で一定のポジションに就き，与えられた権限の範囲で自由を行使して処理すべきもの。つまり，私的意思と法の支配は同次元の問題である。日本法でも条文上はそうなっているのだが，生活に密着したレベルに根付いていない。その一因は「務」という翻訳語からも見て取れる。

「務」の背後には中国の法家思想が隠れている。例えば『商子』，すなわち商鞅の思想は「民は利己的で放任すると悪さをする。法で蹂躙して秩序を保ち，死なない程度に搾取して国家を富ませよ。そして国家を強くせよ」と集約できる。秦の始皇帝を支えたこの思想は日本にも受容された。200〜300年おきに民が「務」を放棄して革命を起こす中国と違い，日本で革命が起きたことはない。民主主義となった昨今でも，日本の民は何らかの「務」を運命的に甘受し，耐える傾向にある。己を無にして，自分が所属する共同体の価値規範に合わせるのである。敗戦を承知で業務に殉じた山本五十六，「私心からやったのではない」という理由で同僚の責任追及をしない社内の雰囲気，「KY」という語の流行など，私的意思を圧殺して従順に「務」へと従う美徳の例は枚挙に暇がない。サンデル流に言えば，この美徳は日本の共同体に特有（家族共同体，会社共同体，国家共同体を問わず遍在する）のもの。他の文化圏にはなかなか例が見当たらない。

その一方で，「務」は肩の凝るタテマエでもあり，これと異次元のホンネの空間に私的意思が密やかに確保される。法的義務や債務は，このような精神風土の中に明治政府が導入した新たな「務」であった。欧米起源の法律用語をタテマエの空間で独り歩きさせて伝統的精神風土を維持し続ける日本はまさにガラパゴス状態にある。ガラパゴス化はケータイなどに限ったことではなく，また最近に

なって始まったことでもない。

**注**

1) 『辞書』は「事務」を見出し語に挙げていないが，「行政事務」や「事務管理」における「事務」は affairs，「委任事務」は delegated business，「法律事務」は legal service などと適宜訳し分けている。

2) 『辞書』は法令中の「業務上」をこの他，一般労働者の業務遂行という文脈（in the course of business と英訳，労働基準法 79 条「業務上死亡した場合」は died in the course of employment と英訳），専門職の業務遂行という文脈（刑 214 条「業務上堕胎」を abortion by professional conduct と英訳），合計三つに大別している。なお，「業務」そのものに対する英訳語としては operations, business, duties が挙げられている。

# 請求と請求権

　英語の claim には「(債権に基づく) 請求」および「請求権」という意味がある。請求とはその都度一回限りの行為・事実だが、請求権は権利であり、普遍性を持つ規範に依拠する。事実と規範は次元が異なる、というのは法的三段論法が教える基本。なぜ事実レベルに属する「請求」と規範レベルに属する「請求権」が同じ語で表現されるのだろうか。

　claim の祖語はラテン語 clamare (「叫ぶ」「どよめく」)。これが仏語経由で中世英語に導入された。11 世紀に英国を征服したノルマン王朝は母語が仏語で、被征服民 (アングロサクソン) の訴えは文字どおり意味不明の「叫び」にしか聞こえなかったのだろう。しかし、やがて claim は相手方に一定の請求をする「叫び」、自分の主張が正しいという要求を掲げる「叫び」、を意味する法律用語に転化した。単なる動物的な叫びではなく、その背後にある正当性や権利をも含意する表現となったのである。claim は現在、「相手方に対して持つ債権」「請求 (書)」「空港での荷物請求」「自社製品の効能の宣伝・アピール」「(会社などに) クレームをつける」など、社会生活で広く用いられる。訴訟用語としても使われ、『法令用語日英標準対訳

辞書』は「請求の趣旨」を object of claim,「請求の原因」を statement of claim と訳している。

claim は「叫び」という事実, 叫びが拠って立つ権利, いずれをも表現する語となったわけだが, これは事実と規範という異次元が混同されていることを意味しない。むしろ, 二つの次元が区別されたうえで, 重ね合わされている結節点が claim である。人の叫びは動物のそれと違って意味内容を持つ主張, しかも法に裏打ちされた主張である。人間社会ではあらゆる人が平等に法の支配に服しており, 叫ぶ側のみならず, 叫びが向けられた相手方も, 同様に法に拘束される。clamare から claim への変質は, 征服王朝下で法の支配が浸透していったプロセスを反映している。

事実と権利が同一語で表現される英語例はほかにも多々ある。ownership（所有, 所有権）, disposition（処分, 処分権）, jurisdiction（管轄, 管轄権）, use（使用, 使用権）, habitation（居住, 居住権）, servitude（役, 役権）など, 枚挙に暇がない。同様の表現は他の欧州語にも見られる。claim は独語で Anspruch, 仏語で demande だが, これらはやはり「請求」「請求権」いずれをも意味する。人は他の動物と違って法の支配に服す存在であり, 人間の社会的行為・事実はことごとく法に正当性の根拠を持つ, という人間観が欧州語の語彙そのものに刻み込まれている。

この語彙上の特徴は古代にまで遡ることができる。claim が権利をも指す語へと変質したのは中世だが, 上記の use, habitation, servitude などは既に古代ローマにおいて事実と権利の双方を指す語であった（第30話参照）。第1話で触れた obligatio も, 人間どうしの結び付きという関係（事実）を指すと同時に, この関係がゆえに発生する債権・債務（規範）を表す語である。これら古代の例に棹差すと, 冒頭の問いには次のように答えられる。obligatio という

第 8 話　請求と請求権　*41*

事実は，obligatio に縛られる当事者の目線から見ると「縛りから発生する約束を果たさねばならない」という規範を含意する。つまり，obligatio は決して価値中立的な事実ではなく，一定の規範を含意する事実である[1]。obligatio が人間の社会生活の基本的事実であるならば，社会は守るべき規範で満ちていることになる。また，使用や居住はそれ自体一つの事実だが，この事実が継続すればするほど，「安定的な使用・居住こそが正当な状態であり，今後も使用・居住し続けてしかるべきだ」という文脈で規範に転化していく。このような観点で，法学者たちが事実から規範を明確に分離する。他方で，この規範が次々と発生する新たな事実を秩序付けるルールとして統治権力により利用される。こうした事実と規範のフィードバックがローマでは三千年近く前から繰り返され，ラテン語およびその後の欧州語の多くの語彙に事実と規範を同居させることになったのだと考えられる。

　この同居は，社会における法の支配の定着と軌を一にするものだった。なるほど現実の社会には紛争が絶えず，規範に従わない事実が多々発生する。法規範に完全に従った社会など理想，理念でしかないだろう。しかし，理念は絵空事ではなく，現実化されるべき目標として，絶えず人々の意思を導く。紛争に際して人は権利を前面に出して積極的に主張し，理念である法規範を実現しようとする。規範に従うように事実を変革していこうとする。規範（理念）と事実（現実）が同じ語彙に共存することにより，これら語彙を用いる日常の現実が理念に引っ張られ，方向付けられる。欧州ではこのようなダイナミズムが古代語だけでなく現代語にも語彙レベルで組み込まれている。こうした語彙を日常使用する欧州人たちの生活には，法の支配が無意識のうちに息づく。法の支配を古代ローマ以来の欧州共通の価値（理念）として EU 統合が推進されてきたのも自然な

流れであった。

　欧州語には，このダイナミズムの受け皿となる文法構造すら埋め込まれている。それは冠詞や単数複数の区別である。冠詞や単複の起源・機能は単純でないが，定冠詞には理念を表現する働きが，そして不定冠詞や複数形には個別的な事実を表現する働きがある。例えば個々の請求行為（事実）は a claim や claims であり，その後ろ盾となる請求権（そもそも請求というもの，すなわち理念）は the claim と表現できる。もちろん，ある請求権が別の請求権と対立する文脈では，請求権も a claim と表現されるし，特定の請求行為を指す場合には the claim と表現されるのも確かである。また，ラテン語には冠詞がなかった。しかし，ラテン語は単複の区別で理念と現実の違いを表現できる。文法構造は無意識のうちに人の思考を縛る。理念と現実を区別できる文法を持つがゆえに，欧米人は知らず知らずのうちに理念を希求する思考を展開してしまう。

　理念と現実の二分・対立は法律や言語に留まらず，欧州文化・思想に広く根ざした土着的発想である。古代ギリシア・ローマでは，現実を支配すべき法規範が神格化されていた（テミス，ユスティティア）。キリスト教の神も，悪を駆逐し善を実現するべく，現実を導いていく理念である。プラトンやカント，ヘーゲルらの哲学は言うに及ばず，偽を切り捨てて真理のみを追求する科学的世界観も，この二分法から出立している。ロックやヒュームに代表される英国経験論は，経験則（慣習法）を超えた理念を認めないので，異質に思われるかもしれない。だが，経験論は，語彙と文法に潜む二分法を前提としたうえで，理念の絶対性に懐疑を投げかける立場。二分法そのものが無効だと主張しているわけではない。経験論と大陸合理論（デカルトら）の対立はあくまで理念の性格づけの違いである。

　他方，日本語には冠詞も複数形もなく，文法構造上，理念と現実

の二分法はもともと無効である。明治以降，日本語は claim の二重性格を律儀に分析し，事実としては「請求」，理念としては「請求権」，と訳し分けた。同様の丁寧な訳し分けはどんな学問領域でも行われ，その結果，日本語の翻訳語彙（いわゆる専門用語）は飛躍的に増大した。他方，これにより日本語空間では理念と事実が分割・並列され，語彙に潜む欧州的なダイナミズムは平板化されてしまった。理念を希求する思考を日本語生活者の日常に定着させる，という点で明治以降の翻訳活動は総じて失敗したといえる。異文化なのだからこれは当然なのかもしれない。だが，二割司法と揶揄される実情や司法制度改革の滞りはこのあたりにも一因がありそうだ。ちなみに，日本人は英語の冠詞や単複が苦手で，その間違いはネイティヴが最も困惑する点の一つ。

### 注

1) 法的三段論法の土台となる事実と規範の区別は，ヒュームによる自然主義的誤謬の糾弾（存在と当為の区別）を受けた近代法律学の伝統において当然視され続けているが，自然言語の語彙においてはそれほど厳密に区別されているわけではない。サールという哲学者が「約束（promise）」という語に注目して，約束という事実には約束を守るべきという規範が含まれることを指摘しているとおりである（John Searle, Speech Acts, Cambridge University Press 1969）。

# 過　失

　日本民法415条は、債務不履行でも故意・過失のない不可抗力なら債務者に損害賠償責任はない、と解釈されている。これはローマ法以来の過失責任主義の考え方。他方、英米法では契約が絶対的で、不履行なら無過失でも賠償を迫られる。不可抗力発生時の免責を望むなら、契約書にあらかじめその旨を明記しておかねばならない（当事者主義）。これは英文契約作成時の基本的な注意点の一つ。この違いを照射してみたい。

　民法415条の解釈は、不法行為の要件として故意と過失を併記する709条に準拠している。この併記はドイツ民法を真似たもの。故意（Vorsatz）とは行為者の意思能力の表れ、すなわち内面的心理状態である。ドイツ民法は過失（Fahrlässigkeit）も故意と同様、第一義的に行為者の心理状態（結果予見・回避に必要な注意力と意思が欠けた状態）を指すと解しており、両者を不法行為の帰責事由としている。この考え方が日本法に影響し、415条の解釈においても故意・過失がなければ債務不履行でも賠償責任なし、とされてきた。

　英米では契約法が不法行為法から独立しており、契約履行責任は故意・過失の有無と無関係に負わねばならない。「想定外」という

類の言い訳で免責を求めてもたいてい通らない（事前に想定しておかなかった当事者の自己責任となる。腹の虫が収まらなくても，当事者は己の至らなさを思い知った上で今後の教訓として活かすしかない）。また，英米法上の過失（negligence）は不法行為（tort）の要件ではなく，一類型にすぎない（ほかに不法侵入，生活妨害，厳格責任などがあるが，類型は英と米で異なる）。ドイツ法はすべての不法行為に通底する要件として故意・過失を規定するが，このような一般化の発想は英米法にはない。それぞれのタイプの不法行為が相互に独立した帰責事由をなしている。『法令用語日英標準対訳辞書』は「過失」を negligence と訳すが，以上の相違に留意しておかないと誤解を招く元になる。

　英米法における過失は，第一義的には（ドイツ法におけるような）内面的な心理状態ではなく，外面的行為である。negligence の語源をたどると，ラテン語の legere（拾い集める）に否定辞 nec がついた形。これは他者の行動を外から観察して「拾い集めていない」「するべきことをしていない」と形容する表現で，行為および行動性癖を指す語である。他方，独語の Fahrlässigkeit は fahren（行く）と lassen（任せる）からできており，何でも放任する投げやりな意思能力のあり方，すなわち心的状態を指す語である。「過失は心理状態か，それとも行為か」という問いがしばしば投げかけられるが，英語では後者の側面，独語では前者の側面が強調されていることになる。

　過失の内実は，理性的な常識人に期待される注意を怠ったということ。行為と解することも心理状態と解することも可能である。日本では民法制定後しばらくドイツ流の解釈が続いたが，やがて行為としての側面を無視できなくなり，現在では「結果を予見できたのにしなかった」という心理状態と，「結果を回避する行動を怠った」という行為の両側面を考慮するのが通説となっている。なお，英語でも negligence が心理状態を指すことがまったくないわけではない

第9話　過　　失　47

し，また独語で fahrlässig が行為を形容して用いられないわけではない。

　心理状態としての過失，行為としての過失，両面を明示的に指す語もある。仏語の faute である。faute はローマ法の culpa（負い目，落ち度，責め，罪）を後継する仏法特有の概念で，元はラテン語の動詞 fallere（誤らせる，欺く）の過去分詞形 falsum（何らかの原因で誤りへと導かれた状態，欺かれた状態，false の祖語）。語の意味からして，行為者の内面にある誤った判断，外面に発現する誤った行為，いずれをも指す。ナポレオン法典は，不法行為の一般的な帰責事由が faute であると規定した（1382条）。「過失」は古くからある二字熟語で明治期に法律用語に転用されたが，その最初の用法は faute の訳語としての用法だった（ボアソナードの旧民法）。現代日本の通説は faute の両側面を律儀に考慮しており，この点，ドイツから旧民法の祖国フランスへと先祖返りをしたものとなっている[1]。

　ボアソナード旧民法では不法行為が「過失又ハ懈怠ニ因リテ他人ニ損害ヲ加ヘタル者ハ其賠償ヲ為ス責ニ任ス」（財産編第2部第1章370条）と規定されていた。過失（faute）に加えて懈怠（négligence）が並列されている。懈怠は徹頭徹尾，外的な行為（心理状態の如何にかかわらず，すべきことをしない行為上の怠慢さ）。かつては刑民商法の条文中にあった語だが，法典の現代語化により消え去り，現在は解釈上（任務懈怠，注意懈怠など）に残るのみ。旧民法は「心的状態・外的行為いずれかの点で過失がある場合，または外的行為の上で怠慢さがある場合，有責である」と要件規定していたことになる。

　近代の仏独語圏では体系的な民法典が編纂され，契約（不履行）や不法行為などあらゆる行為類型を包摂する上部概念（法律行為，意思表示など）が模索された。これらは最終的に個人の内面的意思能力に帰せられたが，この際に指導原理となったのが過失責任主義

だった。特にドイツ法では，一切の概念を尊厳ある人格（理論哲学の文脈では超越論的主観性）に収斂させようとしたカントの影響が甚大である[2]。こうした法典編纂は大陸合理主義の産物といってよい。他方，ケース・バイ・ケースの経験主義を重んずる英国では，上部概念への包摂は厭われる傾向にある。契約不履行と過失は別個の行為類型であり，それぞれを別個に吟味して責任のあり方を決めたほうがよい。その結果，契約法に関しては，過失責任主義ではなく当事者主義を貫けばよい，と判断されたのである。

仏語 faute は英語にも入り fault となった。原語 fallere には「本来あるべき状態から外れている」という意味もあり，英 fault は「過失」のみならず「不足」「欠如」「欠点」など広い用法を持つ日常語となっているが，法律用語としては定着しなかった。『辞書』は旧版で「過失がない」を without fault, faultless, no fault と訳していた。これらは英米法の法律用語というわけではなく，あくまで日常語彙を使って日本法の規定内容を伝える訳例である。他方，接頭辞 de（由来を意味する）が付いた形 default は法律用語，すなわち過失の有無にかかわらぬ端的な契約不履行（デフォルト）を指す。ただし，この語における fault は過失ではなく，（履行の）不足・欠如の謂なので，ご注意を。

### 注

1) フランス法学では 19 世紀末以降，faute 概念に心理状態と外的行為の両面があることが曖昧さと捉えられ，批判の対象とされてきた。そして，この両面を区別した上でどちらを前面に押し出して faute を解釈すべきか，今も議論が続いている。

2) 民法総則における人と物の区別はカント説（物とは他の目的のための手段となり得る存在であり，人とは手段となり得ない自己目的である）を踏襲したもの。詳しくは拙著『翻訳語としての日本の法律用語』（中大出版部，2004 年）第 3 講を参照していただきたい。

# 第10話

# 抵　　当

　日本の抵当権はフランスから導入されたものだが，『法令用語日英標準対訳辞書』はこれを mortgage と訳している。mortgage は英米法の概念（譲渡抵当）であり，ローマ法系の抵当権と内容的に重なる部分も多いが，違いもある。以下では違いに光を当ててみたい。

　mortgage は mort（死んだ）と gage（質権）の合成語で，11 世紀のノルマン征服王朝が当時のフランス法を英国に持ち込んだもの。gage はもともとゲルマン語で「賭ける」「運命に委ねる」の意（engage「従事させる」は「gage に身を置く」すなわち「何かに身を委ねる」が原意）。その後 gage は「自分の財産を賭して相手に委ね渡す」という文脈で「質入れ」を意味するようになり，これが中世初頭のフランク王国からフランス法に，そしてノルマン人に継受された。財産を賭ける人（借入人）が，賭けに応じた人（貸付人）に対して，財産の所有権は渡さないが占有を譲渡して利用に供し，借金する，というイメージである。賭けは 1 回限りの行為である。借金を返せなければ賭けは失敗，賭した財産は失われるが，その代わり借金も帳消し，つまり振り出しに戻る。賭けに応じた人も，自己責任で担保と引換

えに金を貸したのだから，金が戻らなくても担保物だけで我慢せねばならない。農地を賭ける場合，農地が生み出す収穫物が借金を順次相殺・減額していってくれると両者が合意するなら，農地はいわば生きている。収穫物が返済すべき額面を減らしてくれないなら，農地は死物も同然。後者のタイプの gage が mortgage と呼ばれた。

11 世紀以前から，アングロサクソン法には wedset と呼ばれる土地質権もあった。こちらは借入人が貸付人に財産の所有権をも譲渡してしまい，借金を完済すれば所有権を取り戻す，という慣行。語源的には wed と set（設定する）の合成語，wed は gage と同語源で「賭け」が原意（現代では「結婚させる」という意味が知られるが，これは「相手を信じて人生を賭する」ということ），つまり「賭けの成立」を指す。返済できなければやはり土地が戻ってこないだけで，借金は帳消しになる。ノルマン王朝以降の英国では mortgage と wedset が混交して独自の歩みをたどり，それが米国にも伝わった。現代社会では住宅ローンや企業の借入れなどで抵当権が広く使われるが，英米法における mortgage は抵当権設定者（mortgagor）にとっても抵当権者（mortgagee）にとっても基本的に賭けのままである。

他方，フランスでは gage がその後，動産質を指す語へと矮小化され，不動産質はローマ法起源の antichrèse と呼ばれるようになった。こちらは元をたどると東ローマ帝国（現在のギリシアが本拠地）時代の慣行で，実態は gage とほぼ同じ，借入人が所有権を保持したまま土地を貸付人に占有させ，担保として供すること（antichresis はギリシア語で「対価として供すること」の意）。ただ，不動産質は貸付人にとって占有時の管理負担が重くて使い勝手が悪い場合があり，ローマ法はこれと別に非占有質（抵当権，hypotheca）を古くから規定していた。ローマ法にはもともと占有質（pignus）しかなかったが，紀元前 2 世紀ごろから地代の支払いまで地主が小作人の農機具

第10話 抵　　当 51

を抵当に取る慣行が出現し，東ローマの頃には動産・不動産を問わず非占有質が広まった。hypothecaはもともとギリシア語(hypotheke)で，ギリシアではこの語が大昔から担保や質を一般に指して使われていた。原意は「下に置かれること」，すなわち目的物が貸付人の権利の下に置かれている，ということ（ちなみに，この語はhypothesis「仮説」すなわち説明の際に土台となるべく「下に置かれたもの」と同語源）。占有質（pignus）と区別するためにローマ人はギリシア語を借用したらしい。この非占有質すなわち抵当権がフランスを始めとする大陸法に継受され，ボアソナード経由で日本民法にもたらされた。登記や公示原則など抵当権関連制度の確立は概して18〜19世紀になってからである。

　ローマ法系の抵当権は物的担保であり，行使されれば権利は消滅する（消除主義）。つまり，mortgageと同じく一種の賭けである。だが，ローマ人たちは，貸付人が抵当権を行使しても債権を回収しきれない可能性がある以上，賭けだと割り切ることはできなかった。それゆえ，借入人から土地を取り上げても足りない場合，借入人は債務者のままであり，懲罰として強制労働や禁固刑に服することも求められた。現代でも，貸付人には抵当権設定と並んで人的保証を求める選択肢が開かれており，特に日本の住宅ローンでは人的保証が中心で抵当権は従属の立場に置かれている（現代欧米では住宅の寿命が百年近く，貸付人は成熟した中古住宅市場でいつでも不動産を売りさばけるため，人的保証なしで抵当権が使われることが多い）。日本では中小企業の借入れでも人的保証が求められる（自殺者が多い一因とも言われる）。再チャレンジを容易にするためにも抵当権を人的保証から独立させ欧米のように利用しやすくすべきなのだろうが，それには不動産市場の長期的安定およびその裏付けとしての合理的な都市計画が必要不可欠である。大企業の借入れでは人的保証なしで抵当権が

使われるが，土地バブルがはじけた20世紀末，逆に貸付人側に大量の不良債権が発生したのは記憶に新しい。

ローマ法の抵当権はかつて独立国だったスコットランドにも継受された（hypothec）が，イングランドには入らなかった。英語のhypothecate はコモンロー用語ではなく，より一般的な文脈での担保抵当契約を指す。たとえば金融業界で有価証券に抵当権を設定する際によく使われる。リーマンショックの引き金となった再担保契約は rehypothecation。mortgage が賭けであることを想起すれば，サブプライムローンから出発して再担保を積み重ねていく金融派生商品のリスクは明白なのに，独仏の金融機関までこの罠にはまってしまった（今後も同様の罠が仕掛けられる可能性は十二分にあるので注意が必要）。

また，船や積荷に抵当権を設定する際にも hypothecate が使われる。かつて長距離航海の寄港地で船の補修が必要になると，緊急避難的に船長が（所有者でないのに）船や積荷を抵当に入れて補修費を借りる慣行があった（冒険貸借，bottomry）。無事帰港して儲けが出れば貸付金は大きな利息付きで帰ってくるが，沈没したら免責となるので貸付人にとってはまさに冒険だった。東インド会社の場合，難破・拿捕率は1割程度だったらしく，10隻に賭ければ9隻は当たった勘定。悪い賭けではなかったのだろう，その証拠に東インド会社は大儲けしてオランダでもイギリスでも莫大な富をもたらした。総じて，英語に導入された hypothecation は貸倒れを心配するローマ的文脈から脱し，ゲルマン的な自己責任の賭けという色彩を強く帯びている。

# 第11話

# 瑕　　疵

　「隠れた瑕疵」（民法570条）はボアソナードが持ち込んだ仏語 vice caché に充てられた訳語である。これはローマ法の vitium latens を継受したもの。また，物の瑕疵と権利瑕疵の区別はドイツ法に由来する（Sachmangel と Rechtsmangel）。売買当事者の悪意・善意に応じて両者に責任と権利を割り振る日本民法の規定も，買主保護に力点を置くドイツ法の影響下にある。こうした規定は当事者主義を原則とする英米法にはない。英語圏では，売主・買主がそれぞれ自己責任で瑕疵発生時の保証について，あらゆるケースを想定して事前に約しておくのが通例（これが日本の企業には面倒なようだ）。

　この違いを指して，英米法の原則は「買主注意せよ（Caveat emptor）」，ローマ法系のそれは「売主注意せよ（Caveat venditor）」と形容されることもある。実際には，両者に大きな違いがあるわけではない。ローマ社会でもゲルマン社会でも，明白に瑕疵ある物を売買する場合，買主が自己責任を負うのは当然だった。他方，家畜や奴隷を購入後に病気や逃走癖など隠れた瑕疵が露見して買主が困る，という事態は太古の昔から頻発し，ローマ社会では早くから売主に瑕疵担保責任を負わせる法習慣が成立した（売買契約後6か月な

ら等価物を代替品として提供，売買後1年以内なら代金を割引，等）。また，購入後の家畜や奴隷が第三者の権利下にあることが発覚して追奪される，という事態も頻発し，売主に追奪担保責任を負わせる習慣もできた（売主は第三者に対する防御を余儀なくされ，失敗すると買主に代金の2倍額を支払った）。これらが近代大陸法に継受され，日本民法にもつながっている。

　英米法でも，隠れた瑕疵を事前に想定し，その責任を売主が負うよう契約で明言しておけば，買主は保護される。明示の保証がなくても，商品に対する権原（所有権），商品性（商品が満たすべき性能），目的適合性（商品が予想される使われ方をして，安全に機能を果たすこと）などについては，売主は黙示保証を求められ，無過失責任を負う。家畜に病気・第三者権利が発覚したケースでも，ふつうは売主が責任を負うことになる。だが，現代では科学技術・社会的分業が発達して商品の製造過程が複雑化し，使用のあり方も多岐多様になっており，黙示保証がどこまで及ぶかを見極めるのが難しい。例えば第三者の知的財産権を侵していないことは黙示保証の対象とならない，という慣例ができている。一般に売主には保証の範囲を限定するインセンティブ，買主には拡大するインセンティブが働き，その旨を契約に明示したがるので，両者の間で契約前に文言をめぐってせめぎ合いが起きることが多い。

　「瑕疵」は韓愈の『進学解』に見られる古い熟語（「あやまち」「欠点」の意）だが，明治以降はもっぱら仏独の民法用語 vice や Mangel の翻訳語と化した。ラテン語 vitium は仏・英語 vice の祖形。これらはいずれも「本来あるべき性質が備わらないこと」「本来果たすべき役割が果たせないこと」（物だけでなく人についても用いられた）が原意，ここから「不完全」「欠落」の意となる。vitium の対立語は virtus（英語 virtue）で，こちらは vir（男性）から出来た抽象名詞。

「男らしさ」が原義だが，一般化されて「（人や物が）本来あるべき姿」「本来果たすべき役割」「本来備えているべき性質」，すなわち「完全さ」「美点」「よさ」を意味する。因みに virtue はアリストテレスからサンデル等に至る共同体主義の旗印となる概念で，この文脈では「美徳」，対立語の vitium (vice) は「悪徳」と訳される。

　『法令用語日英標準対訳辞書』は「瑕疵」を defect と訳すが，こちらはもともとラテン語の動詞 deficere の過去分詞。この動詞は facere（『為す』『成し遂げる』）に「不足」「未達」を表す副詞 de がついた合成語で，「成し遂げるのに失敗する」「目的を遂げられていない」の意。つまり，defect の原意は「本来あるべき姿にまで仕上げられていない状態」。vitium が人や動物についても使われるのに対して，defect は専ら無生物について使われる。

　人や物が本来あるべき姿とは何か。これは古代ギリシア以来，西洋で好まれる哲学的な問いで，答え方は多様，唯一解はない。（隠れた）瑕疵とは何か，も同様な問いである。しかし，瑕疵をめぐって当事者間に争いが頻発する以上，実務的には双方が「（隠れた）瑕疵」の定義と基準について折り合いをつける必要がある。英米ではこれが保証（warranty）の問題として当事者に任される。warranty はゲルマン語起源で「耳を傾ける」「誠実に応ずる」が原意（独語 wahr「真実の」，gewähren「保証する」等と同根）。同語源の guarantee[1] は第三者のものについての保証をも意味するが，warranty は基本的に自分のものについて自分の誠実さにかけて保証すること（ワラント債は会社が自らの将来を保証したうえで新株予約権と引換えに借金する証書）。英語圏の契約では representation（「表示」，過去の事実関係を開示表明すること）と並ぶ必須項目で，売主が自分の表示した事実に基づいて将来的に一定範囲で責任を負うことの明確化。明示保証（express warranty）と黙示保証（implied warranty）が

あり，これらと表示を合わせた全体が，日本の瑕疵担保責任に相当する。『辞書』は「瑕疵担保責任」を warranty against defects と訳しているが，この3語表現はコモンロー用語ではなく，日本法の概念を説明するため考案されたもの。defect は一般的に「欠陥」「欠損」「弱点」を表す語であり，法律用語ではない。

英米では契約に際して開示されるべき事実を秘匿する misrepresentation（「不当表示」と訳される[2]）は違法であり，これに基づく契約は無効である。市場における十分な情報開示が常時担保されていないと市場参加者は耳を塞がれた状態になり適切な判断ができず，安心して契約できないからである。日本では情報開示についてのルール整備が遅れ気味だが，少しずつ国際水準に近いており，分厚い約款が日常生活にまで浸透するなど自己責任の契約習慣もゆっくりと定着しつつある。現在進行中の民法改正では，瑕疵担保責任について現行の枠組みを維持しつつ，瑕疵概念の廃止が予定されている。瑕疵概念は上述のような困難を孕み，また「契約の趣旨への不適合」という概念で代替可能，というのがその理由。「契約の趣旨」を突き詰めて重視していけば当事者主義に収斂する。今後は国際取引のみならず，国内でも「善意の買主なら保護される」という定型的な対応で簡単に問題を片付けられなくなるかもしれない。

なお，民法総論にある「瑕疵ある意思表示」はドイツからの輸入品（Willensmangel）。19世紀ドイツ法学は瑕疵概念をいろんな文脈で使用して法典体系化を遂げ，それが現在も継承されている。『辞書』は defective manifestation of intention と訳しているが，やはり日本法の説明的英訳であり，英米法にこのような概念は存在しない。

### 注

1)　フランス北部に定住したゲルマン人たち（フランク族）の方言では

語頭の子音 w が g に置き換わっていた（第 10 話で紹介した gage は英 wage と同語源）。フランク族はやがてゲルマン語文法を捨ててラテン語（カエサルの時代以降，ガリア地方に広がっていた）に同化され，今のフランス語を話すようになっていくが，フランス語には今でもゲルマン語起源の語彙が多数残存している。

2)  misrepresentation は「誤表示」とも訳せるので，『辞書』は誤解を避けるために日本法上の「不当表示」を misleading representation と丁寧に英訳している。

# 危険について

　現在進行中の民法改正では，危険負担の規定（534-6条）を撤廃して英米流に解除制度へと一元化することが検討されている。「危険負担」はローマ法系の概念。「危険」及びその関連語の来歴をたどってみたい。

　売約済みだが引渡前の新築家屋が焼失するなど，甲から乙へ所有権が移転した特定物が引渡前に偶然滅失した場合，その負担は所有権者である乙がすべし。これはローマ法の原則 "casum sentit dominus" に拠る。ラテン語 casus は動詞 cadere（「倒れる」「落ちる」）からできた名詞で，「落ちてきたもの」「偶然発生した事件」「偶発した損害」「事故」と意味が広がる。原則を直訳すると「所有者は偶発事を甘受する」，これは近代ナポレオン法典まで引き継がれた。他方，ゲルマン法では伝統的に引渡が売買成立の要件とされており，ドイツ語圏では「引渡まで所有権は移転しておらず，甲が危険負担すべき」との考え方が根強かった。不特定物の取引が増えた19世紀，ドイツ法学はこの問題を双方契約の牽連性という文脈で捉え直し，世紀末に編纂された独民法典では「帰責事由なき債務消滅に際しては反対債務も消滅」が原則（債務者主義，甲が危険負担），存続（乙が

危険負担）するのは特定物などの場合に限る，と規定された。同様
の規定は日本民法にも導入された。

　仏民法 1138 条は casus を risque と表現する。『法令用語日英標準
対訳辞書』もこれに習い，「危険負担」を burden of risk と訳して
いる。risk の語源はギリシア語 riskos（『幹』）。ホメロスの叙事詩
『オデュッセイア』はトロイ戦争の英雄オデュセウスが海神ポセイ
ドンの恨みを買い，故国帰還まで長い苦難の航海を続ける様子をう
たうが，難所メッシーナ海峡で船が難破しそうになったとき，岸か
ら伸びたいちじくの幹をつかんで命拾いする場面がある。これがル
ネサンス期のイタリアで人口に膾炙し，「幹をつかんで前進する」
「不確実性のあるなかで積極的未来へ向けて行動する」という意味
の動詞 riscare ができて西欧諸国に広まった。つまり，risk の原意
はリスクマネジメントで言う投機的リスク（loss and gain risk，儲か
るか損するか分からないリスク），しかも gain に力点を置いたリスク
のこと。

　買主は，目的物が無事に引渡されれば gain し，引渡前に万が一
滅失すれば loss する。ローマ社会で「何かを買う」とは，こうした
投機性を伴う一種の riscare だと見なされた（もちろん，たいてい gain
が期待できたのだが）。リスクを背負ってでも農産物や奴隷などを入
手したかった買主が数多いた，ということである。こうした投機的
契約観は現代の先進国ではほぼ消失した。家屋取引や通販など大抵
の取引は買い手市場であり，買主が gain する（完全無欠な仕方で目的
物が引渡される）のは当然，という社会通念が支配的となっている。
これと並行して risk 概念も変化し，第一義的には否定的な不確実性，
すなわち「純粋リスク（損するリスク，loss only risk）」を指すように
なった。近代民法の「危険負担」も純粋リスクの負担を指す。つま
り，買主の純粋リスクはゼロであるべし，純粋リスクは売主が負担

すべき，という風潮ができあがったのである（冒頭の例では「乙が購入したが引渡前だった家屋が焼失した場合，乙が代金を支払わされるのはかわいそうだ」という風潮）。こうした時代にあっては，危険負担は債務者主義を原則とし，あとは危険移転について英米流の当事者主義に委ねる，とした方が法律上もすっきりするかもしれない（因みにドイツは2002年にこのような方向で民法を改正したが，危険負担概念の廃止にまでは至らなかった）。

　投機的リスクであろうと純粋リスクであろうと，欧州語のrisk は（語源からして）主体が能動的に選択して引き受けるべき事柄。売主も買主も危険負担のルールに従って自己責任でリスクを取ることになる。他方，日本語の「危険」（『書経』にある古い熟語）は文字通り「危うく険しい状況」，すなわち主体の能動的選択とは無関係に，単に与えられた状況およびその受動を指す。日本語で「危険負担」と言うと，「法律に規定されているから自由が入り込む余地はない」などと受動的目線での連想が働きがち。こうした点で「危険」はrisk の訳語として少々不適切[1]。福島原発事故以降，「危険」がrisk,　danger, hazard のいずれを指すのか曖昧だ，と喧伝されたが，法律用語としての「危険」も曖昧である。『辞書』は文脈に応じてこの3語に訳し分けている。

　hazard はもともとアラビア語で「さいころ」の意。現代英語では「どう転ぶか分からない不確実性（不注意なまま放置すると事故やトラブル発生につながる）」，転じて「事前に注意を向けて対策を立てておくべき事態」を指す。車のハザードランプはそうした事態が発生していることを周囲に知らせるためのもの。

　danger はラテン語dominium（所有権，支配権）が仏語で原形を留めぬほど崩れた形，支配者に圧迫された状態（ひどい目を被るかもしれないという受動的不確実性）を指す。独語で「危険負担」は

Gefahrtragung だが，Gefahr は「あちこち移動する」「考えを巡らせる」が原意。また，相手がどんな考えを巡らせているのか分からない（何が起こるか分からない）ことから派生する「恐れ」をも意味する（英語 fear と同根）。このあたり，日本語の「危険」と意味的に近いが，Gefahr や danger は回避・受動の対象ではなくむしろ主体的に克服すべきもの。これは幾多の革命を経て法的な自由と尊厳を自ら獲得してきた欧米人の自然な語感である。

『辞書』は旧版で「危険」の訳語として peril も挙げていた。peril の原語はラテン語 periculum（「試み」）。ローマ法では「危険負担」中の「危険」にこの語も使われた。「何が結果するか分からないが，とにかくやってみる，そして結果に対する責任を引き受ける」というニュアンスがある。現代英語の peril もこのニュアンスは受け継ぐが，最頻用法は「船が沈没して海に投げ出された船員に切迫した生命の危険が生じている」というような文脈（事故既発直後の切迫した状況）であり，ラテン語の原義からずれが生じている。

リスクマネジメントによれば，risk とは peril や hazard，crisis が将来発生する可能性のこと。crisis（「危機」）の語源はギリシア語 krisis，「決める」を意味する動詞 krinein の名詞形で，原義は「決断」。「（決断を要する）重大局面」「決定的瞬間」「転機」などと意味が広がるが，「能動的に責任を持って決断すべきとき」という要素は一貫している。他方，日本語の「危機」は「危険」の類義語で「危ういはずみ（機会）」の意。「経営危機」「金融危機」と言うと，制御不能で見通しが立たないダッチロール状態，様々な当事者が右往左往する無秩序状態（しかも誰も責任ある決定をしようとしない，あるいはそれができない，運任せの状態）を連想させる。漢語の二字熟語表現には総じて欧州的な主体性・能動性が表現されにくく，原語が持つ含意が失われがちである。

## 注

1) だからといってより適切な日本語訳があるわけではない。カタカナで「リスク」と表記されることが多いのもそのためである。しかし，「リスク」と表記されたら主体的に引き受けられるべき事柄であることが明示されるわけでもない。日本語の名詞は漢語熟語であれ外来語であれ，概して受動的に受容されるか，さもないとレッテル化して独り歩きを始める傾向にある（第17話でロラン・バルトについて言及した箇所参照）。

# 第13話 原始的不能と契約締結上の過失

　焼失した邸宅の売買など原始的不能な契約は無効であり，一方に契約締結上の過失がある場合，善意の他方は信義則に基づいて賠償を請求できる。日本民法のこのような解釈・運用はドイツ流のもの。英語圏では，原始的不能でもその危険負担について取決めのある契約は有効であり，「契約締結上の過失」なる概念は存在しない。契約が有効なら，売主は無過失でも契約どおりの履行義務を負う。日本の民法改正により原始的不能についての規定も変わる予定だが，以下ではこの周辺用語の来歴をたどりたい。

　日本民法は債務不履行を履行遅滞，履行不能，不完全履行の三類型に区分し，履行不能を原始的・後発的，客観的・主観的などの観点で分類するが，これらはドイツからの輸入品。民法415条の条文自体はボアソナードの母国フランスに起源があり，元は本旨不履行を一般条項として定立し，例外的に不可抗力などを履行不能として規定するものだった。明治29年民法はこの条文をほぼ維持したが，解釈が我々の知る形に変更されていった。不能概念の細分は19世紀ドイツ法学がローマ法研究を通してひねり出したもので，英語圏では馴染みが薄い。「原始的不能」とは厳めしい表現だが，独原語

"anfänglich unmöglich" は日常表現で「もともとありえなかった」「当初から不可能だった」の意。対立語である「後発的不能」は"nachträglich unmöglich"（「事後的に不可能となった」）。

　原始的不能な契約を無効とするルールは，帝政期ローマ初期の学者ケルススに帰せられる。当時のローマ法はギリシア哲学に由来する不能概念（「必然」「偶然」と並ぶ「可能」の反対語）を借用して雑然とした文脈で用いており，ケルススの原文（impossibilium nulla est obligatio）における「不能」がどの文脈にあるのか実は不明瞭。ローマの契約はもともと特定物を対象としたが，領土が拡がり経済が発達するにつれ「もともと存在しなかったもの」を売買して訴訟になる事例も頻発した。その際，ケルススのルールは厳格に適用されたわけではなく，ケースバイケースで契約は有効と判断されることもあった。

　原始的不能が発覚して契約が無効になると，契約を有効だと信じた善意の当事者が損害を被る場合がある。これを相手方による賠償で救済するのが「契約締結上の過失（culpa in contrahendo）」の趣旨だが，こちらの淵源も古典期ローマ法にある。十二表法以前のローマには契約形態として厳正契約（契約文言の絶対履行が求められ，英米法同様の無過失責任が負わされる）しか存在しなかったが，古典期に近づくと善意契約（誠実契約）が登場する。これは両当事者の善意（bona fides）に基づく契約で，原始的不能が露見すると訴訟になり，善意・悪意・過失の有無に応じて賠償や免責が決められた。

　ローマ社会にキリスト教が広まると，契約者の善意に着目する考え方は一層定着し，近代法にも信義則として受け継がれた。また，キリスト教には神を前にした諸個人の自由と尊厳という価値観が伏在するが，これが近代西欧で世俗法規範に転化していく。古代法に顕著だった結果責任主義（原因となった者は過失の有無にかかわらず責

任を負う）は次第に払拭され，代わって過失責任主義（過失がある限りで責任を負う）が大原則となる。近代的世俗法の人間観を最も体系的に提示したのは啓蒙の大成者カントであり，19世紀ドイツでは彼の影響下で人格（自由意思と責任の主体）概念を基軸とした法典整備が行われた。イェーリングにより提唱された「契約締結上の過失」概念はこうした文脈で過失責任主義を徹底する一例である（例えば家屋の売買契約後にその家屋が焼失したことが判明した場合，買主が善意であるならば売主に過失がある範囲で賠償責任が生じる。売主に過失がなければ賠償責任はない）。なお，ラテン語 culpa は「罪」「咎」「過失」など人格や行為へのマイナス評価を総称する語。

　他方，英米法では契約時点での当事者の意思内容（本人が口に出した限り）が最大限尊重される。それゆえ，原始的不能が判明して売主が訴えられても，自分の善意無過失を立証するだけでは免責されない。免責を望むなら，原始的・後発的を問わず履行不能 impossibility や契約目的達成不能 frustration of purpose（天変地異や事故などによる）を免責するとの留保を契約書に明示しておく必要がある。これを怠れば，訴訟になってから当該不能が黙示的に免責されるか否かが争われることになる。frustration の祖形はラテン語 frustratio（「欺かれた状態」「当初意図した目的を達成できないこと」），古代ローマでは法律用語でなかった（語源は fraus「欺き」「詐欺」，英語形は fraud，第25話参照）。法律用語として使われ出したのは比較的最近の英語圏においてである。

　当事者が自由を最大限行使してあらゆるケースを事前に想定し，その上で自己決定し，結果に責任を負う，という姿勢はコモンローに成立当初から潜在しており，近代的人間観を先取りするものだった。無過失でも契約の履行を求めるのは，契約前にすべてを想定し自己防衛すべきであって「想定外」の見落としは本人の自業自得，

ということ。これは「無過失責任」と通称されるが，実際には大陸成文法とは別種の過失責任主義である。近代大陸法は法律行為を類型化し，これに棹さして様々な過失責任を規定するが，英米法は自然人・法人を放任し，自らの不注意の責任は自分で取らせていることになる。

　英語圏では，原始的不能もその賠償も基本的にすべて当事者間で解決すべき問題。成文法による責任の類型化は国のおせっかい，人格の自立を阻む甘やかしにすら映る。「甘やかし」との形容はひょっとすると日本に当てはまるのかもしれない（外資に不利な契約を結ばされて後になってから慌てる経験不足の企業が未だに多い）が，大陸法の本家には当てはまらない。ドイツやフランスでは，市民に決疑則[1]を明示するローマ法の伝統が近代的な人格の自由・自立と見事に調和している。英米法と大陸法の違いはせいぜい「小さな政府」「大きな政府」の違いであって，優劣の差ではない。ドイツ民法は2002年改正で原始的不能を有効とし，かつ債権者側に履行請求権なし，と規定し直した。その後の解除や賠償は当事者の交渉に委ねる，という英米流ルールを概して採用したのだが，独民法が行為の類型集であることに変わりはなく，細分化された不能概念や「契約締結上の過失」概念は今も生きている。日本もこうした成文法文化を受け継いで百年以上になる。当初は日本法の英米化と揶揄された今回の民法改正も，結局はドイツの後追いになりそうである。契約慣れしていない法人・自然人の「甘え」については，経験を積んでいけば必ず克服できるだろう。

### 注

1)　仏 casuistique，英 casuistry，すなわち個別事例（多様な偶発事，ラテン語 casus，第 12 話参照）の一つ一つからその解決則を抽出し，これを一般則として他の事例を解決していく論証法のこと。まさにロー

マ法がこれにほかならない。casuistique という用語はイエズス会が
用いた同様の論法を形容する際に使われた中世末期の新造語で，後に
大陸法学でローマ法の方法論を形容する語に転用された。

# 第14話

# 無効・解除・
# 取消・撤回

　日本民法で無効・解除・取消・撤回は相互に異なる概念であり，その用語法は概してドイツ法に由来する。『法令用語日英標準対訳辞書』はそれぞれを nullity (void), cancel, rescind, revoke 等と訳している。これらの表現は，英米で日本民法とはかなり異質な文脈で用いられている。

　日本では，法的思考の基本は法的三段論法である，と教えられる。これは 19 世紀ドイツの概念法学が提唱したもので，法規範（大前提）と要件事実（小前提）から法的効果を演繹する操作。法規範は成文法の規定・解釈により与えられ，その要件に該当する事実があれば法的効果が必然的に発生する。また，抗弁を障害（Rechtshinderung)・消滅（Rechtsvernichtung)・阻止（Rechtshemmung）に 3 分類する発想もドイツ流。独語では無効が障害，解除・撤回が消滅に分類されることが語彙に直接的に表現されている。「無効（unwirksam)」は直訳すると「効果をもたらさない」（英語なら invalid あるいは ineffective)，つまり本来発生すべき効果が何らかの原因で障害を受け，そもそも生じていないこと。「解除（Rücktritt)」は「後ろへ下がる」，すなわち契約後に翻意して後退・退却する（一旦発生済みの効果を消滅させる）

こと。「撤回（Widerruf）」は「反することを叫ぶ」，すなわち発生済みの効果を消滅させる試み。なお，取消は日本の通説で消滅に分類されるが，独語原語は Anfechtung（「争う」）。Anfechtung とは契約の成立自体を争うことであり，取消が認められれば契約は無効とされるので，ドイツ法学では消滅でなく障害に分類される（しかし，「取消が認められるまで契約は有効と見なされるのだから消滅に分類すべき」という見解も強く，日本民法学はこちらの見解を踏襲して現在に至る）。無効や解除はそれ自身，法的三段論法に従い一定の要件事実から効果として導出される。

　法的三段論法は成文法適用の論理であり，演繹はデカルトに代表される大陸合理論の思考法。これに対して，英語圏の民事訴訟では原告が事実関係を整理したうえで過去の類似判例をたくさん集め，事案の解決にふさわしい原則を帰納的に抽出して裁判官を説得しようとする。英国経験論を地で行く所作である。「不当表示に基づく契約は無効」「後発的不能で治癒がなければ解除可能」など英語圏の判例は，無効や解除についての一般的要件と理解することもできるが，訴訟に際して原告は所与の一般則から演繹するわけではない。過去の判例では解決できない新種の事案については，類推に頼りつつ新たな法理を構築せねばならなくなる。

　英米法の null and void 等はこのような慣習法の論理で育った概念。null はラテン語の否定形容詞 nullus（英語 "no one" における "no"）に由来，原意は「ない」「ゼロ」。動詞形 nullify（名詞形 nullity, nullification）は法律や行政決定の無効を，動詞形 annul（名詞形 annulment）は婚姻の無効を指すことが多い。void は後期ラテン語の形容詞 vocitus（「空っぽの」），動詞 vocitare（「空っぽにする」）が仏語で崩れた形（vacuum「真空」と同語源）。void に方向性を表す接頭辞 a がついた avoid も「空っぽ（存在しない状態）にする」，転じて「避

ける」の意も生じた。日本では「いったん成立した契約が無効」というい方がなされ得るが、void は契約が中空でそもそも成立していないということ。判例では強行法規違反や事実誤認に基づく契約は void とされる（日本とほぼ同じ判断）。

英米法には voidable（無効になり得る、契約をなかったことにできる）という概念がある。判例によれば未成年者の契約、不当表示や強迫などに基づく契約は voidable である。こうした契約は当事者が権利行使（void）すれば無効になり、権利行使しなければ有効のまま。つまり、void は「取消」をも意味し得る。void は無効という状態、および無効にするという行為を総称する語であり、無効・解除・取消・撤回いずれの文脈でも使われ得る。これらの要件上の厳密な区別はドイツ由来のもので、慣習法の英語圏では縁遠い。

契約を void にする権利行使は rescind とも呼ばれる。語源はラテン語、繰り返しや強調を表す接頭辞 re が scindere（「裂く」「へし折る」）についた形で、ローマ法で既に契約破棄の意味で用いられていた。これが仏語を経て英語に入り、近世以降エクイティ上の救済（コモンロー上の救済である損害賠償を補完するもの）の一種を指す語となった。判例では、不当表示に基づく契約や未成年者の契約は rescind できるとされる。これも文脈次第で「解除」「取消」いずれにも相当し得る。

cancel は遡るとラテン語 cancellus（格子状の柵）。書面に格子状の線を引いて内容を取り消したローマ人の慣行に由来して「取り消す」「無効にする」を意味する語となった。英語にも書面による厳正契約（deed）の破棄を指す語として導入されたが、最近では日常的文脈で契約解除や契約申込の取消を指して広く用いられるようになった。

revoke も元はラテン語で接頭辞 re が vocare（「呼ぶ」）についた

形，原義は「呼び戻す」。ローマ法では，契約相手方を呼び戻す，転じて契約申込の撤回，あるいは一度有効となった契約を無効・取消・撤回にする，の意で用いられた。仏・英語にもほぼ同じ意味で継承されている。

　以上紹介した英語表現はいずれもゲルマン系の語ではなくラテン語起源，すなわち 11 世紀以降フランスから渡来した征服王朝によりもたらされた。コモンローはアングロサクソンの法習慣を尊重しつつ成立したが，定着を図ったのは征服者。用語にはフランス語を話す支配者の「上から目線」が感じられる。「治癒（cure, remedy, relief）」という用語も然り。これらもみなラテン語起源で，cure の原語 cura は「配慮」「注意」「心配」，remedy の原語 remedeor は「心を砕く」（meditation と同語源），relief の原語 relevare は「軽くする」「緩和する」（levis「軽い」の動詞形 levare「軽々と持ち上げる」に接頭辞 re がついた形）。現代では医療用語とみなされる傾向にあるが，語源的にはいずれも要矯正状態（生理的・社会的を問わず）に対する配慮一般を表す語であり，必ずしも医療に限定されない。

　中世欧州で医療を担ったのは主にキリスト教会。社会的紛争の解決にも教会が関与していた。英国では日本のくがたち（神明裁判）同様の神判（わざと怪我をさせて所定期間内に治癒したら神のご加護で無罪，等）も一部で行われていたらしい。フランス生まれの英国王ヘンリー 2 世は 12 世紀，こうした教会による治癒でなく，王権による治癒を目指して共通の法（コモンロー）を行き渡らせようとした。この頃から英語圏で cure や remedy が法律用語としても使われるようになった。法的治癒と生理的治癒を同列視する英国的世界観は，治癒の反対語である injure（「権利を侵害する」「物理的に傷つける」，語源は「法に反する」）などの語にも表れている。因みに，ヘンリー 2 世は教会から権力を奪い王権を強化せんと努めたが，結局敗れて十

字軍に従事するはめになり，各地でアングロサクソンの有力者が台頭する中，その死後まもなくマグナカルタにより王権自身が法に服従させられることになる。

# 第15話

# 「約款」について

　「約」は糸を結び合わせて束にした目印。「款」は呪術の祈り，転じて心を込めること，その思いを文字に刻むこと。こうした漢字の原意は現代人の日常から縁遠い。「約款」は明治時代に日本人が独語 Klausel，英仏語 article あるいは statut(e) を訳出するために新造した熟語で，一般に契約や条約の条款（条項），その後は普通取引約款をも指して使われるようになった。そのころ，法人登記に使われる「定款」という用語もできた。「約款」「定款」いずれも当事者が合意・約束して刻み込まれた明文規定のことである。

　「普通取引約款」を指す用法が確立したのは 19 世紀末。欧米ではその百年ほど前から運送や保険など，事業者と顧客がいちいちオーダーメイドの契約文言を練り上げて締結することが困難な業態が発達していた。こうした業態の事業者はサービス提供条件を事前に画一的・逐条的に明文化し，これに従う人にのみ（売り手市場で）サービスを提供した。その条件が普通取引約款（英 standard form contract，仏 conditions générales de vente，　独 allgemeine Geschäftsbedingungen）である。鉄道を利用したいなら鉄道会社が定める運送約款，電気を利用したいなら電力会社が定める電気供給約款を読み，同意して従

わねばならない。

　約款はサービス提供者・利用者双方にとって契約の手間を軽減する経済的メリットが大きい。現代の先進国では約款による法律行為が企業活動にも市民生活にも多層的に浸透している。サービス利用者が企業ならば，約款を注意深く読み，必要に応じて提供者と交渉して特約の添付や個別契約に持ち込むこともできようが，一般市民にそれは概して困難である。また，鉄道も電気も日本ではあって当たり前の存在になり，約款に同意して利用させてもらうものだという意識を市民はほとんど持たなくなっている。何事につけ供給過多の買い手市場となった現代，この傾向は増幅される一方。だが，法的には，利用者はみな約款を読んで同意したものとみなされる。「知らなかった」では済まない。

　約款はサービス利用者に「この条件に従うか，従わないか」の二者択一を迫る。しかもサービス提供者が作成するので，どうしても提供者側に有利，利用者側に不利な条項が含まれがち。つまり，提供者は利用者より圧倒的に強い立場にある。19世紀はそれでよかったのだろう（「鉄道約款に従いたくないなら馬車か徒歩で旅行せよ」）。だが，現代の先進国では両者が対等の立場で契約を結ぶのが建前。約款でサービス利用者側が一方的に不利な条件を呑まされないよう法的配慮がなされている。郵便や電気・ガスのような公益性が高いサービスの約款は日欧米を問わず法律で国の監督下に置かれており，それ以外の業態でも「解約はできない」とか「サービスに欠陥があっても賠償請求できない」などの不当な条項は訴えれば無効とされる。

　ただ，企業と違い一般市民が訴訟を起こすのは面倒で，日本では泣き寝入りするケースも多い。現行の日本民法には約款についての規定がなく，消費者保護の観点から明文規定すべく改正が検討されている。『法令用語日英標準対訳辞書』ができた当初，「約款」とい

う見出し語はなかったが，現行版にはあり，独仏語の直訳英語表現（general conditions）が英訳語に充てられている。

欧米には約款規制の考え方に大きく二つの方向性がある。一つは，欧州のように制定法で規制する。たとえばドイツでは1976年に普通取引約款法ができた。「約款」の独原語を直訳すると「一般的な契約条件」（仏語も同じ）。つまり，約款は契約そのものではなく，契約条件にすぎない。1976年法は，契約の一部に組み入れるとの双方の意思確認がない限り約款は契約内容とならない，消費者が約款に含まれていると合理的に予測できない条項（不意打ち条項）や不当条項は無効，文言が曖昧なときは利用者に有利な仕方で解釈する，などの内容で，2002年に独民法典中に組み込まれて廃止されたが，EUにおける約款規制を主導した。「消費者は約款を読まない」という前提で約款に規制をかけるもので，大きな政府によるおせっかい的な発想が根本にある。

もう一つは当事者主義の米国型。「約款」の英原語は直訳すると「標準形式による契約」，すなわち契約条件でなく契約そのもの（因みに，condition は英米法だと「条件」のみならず「合意された契約内容」をも意味する）。契約絶対の原則以外に約款のルールはなく，消費者は約款を読んで自衛するのが基本。ただし，合理的な判断力の持ち主なら到底受け入れられないほど非良心的な条項があれば，その部分の拘束力は司法上認められない。米国にはクラスアクションもあり，一般市民も容易に訴訟を起こせるので，この判例は消費者保護の強力な後ろ盾となる。更に，小さな政府の伝統を持つ米国には，一罰百戒的な懲罰を科すことで強者の横暴を抑えるメカニズムがある。約款に不当表示など利用者を欺く記載があった場合などは，日本では考えられないような重い罰が科されることがある。少々文脈が異なるが，近年，情報公開を意図的に遅らせたとの理由でトヨタ

と武田薬品がそれぞれ 12 億ドル，60 億ドルの司法的制裁金を科された（武田はその後，減額して和解）が，これがよい例である。こうなると，約款を作成する側にも自ずとフェアな文面にしようとするインセンティヴが働く。

　結果的に，いずれの方向性においても消費者保護は達成されることになる。日本の民法改正作業ではドイツ的な方向が模索されているが，経団連が「サービス利用者に都合の悪い条項はみな不意打ち条項で無効，とするのはおかしい」と主張している。EU のルールは消費者に約款内容を知った上で自己判断する機会を持たせるのが基本原則で，消費者のエゴイズムを助長するものではない。不意打ち条項か否かも判例で合理的なラインが引かれつつあるようだ。日本でもこれを参考に制度設計すれば経団連の危惧は解消されよう。今回の改正は，消費者に更なる支持を受ける企業へと脱皮するための好機として肯定的に捉えることもできる。

　企業も約款利用者の立場に立たされると弱者である。情報システム導入などの IT 契約で企業が約款の思わぬ落とし穴にはまり多額の支出を余儀なくされる例はよくあるようだ。やはり約款は公正であるに越したことはない。では，サービス提供者・利用者双方にとって公正な約款はどんな要素を完備しているべきか。サンデルが有名にした正義論の素材になる問題だが，どんな立場を取るにせよ，当事者の自己責任（約款を読ませる工夫，約款を読んで理解する努力）が重要である点は揺るがない。現代社会の利便性を享受する以上，企業も個人も相応の仕方で約款慣れして自衛する習慣と能力を磨いていく必要があろう。

# 第16話

# 公　正

　「公正」を『法律用語日英標準対訳辞書』は fair と訳す。その祖型はゲルマン語 faegen「喜ばしい」，身体を突き動かし自然に溢れ出る喜びを指す。転じて，fair は「美しい」「適切」「対等」など，喜びをもたらしてくれるものの特徴を広く指す形容詞となった。ローマ人の使った類義語は justus，これは ius（普遍的な法権利）からできた形容詞（英語 just，『辞書』は「正当」と訳す）。ゲルマン人は身体レベル，ローマ人は理念レベルで公正さを理解していたことになる。しかし，現代英語圏の人々にとっては，fair も just もアリストテレス的な公正概念（配分の正義）と結びついている。

　公正さとは何か。公正取引委員会（Japan Fair Trade Commission）を例に考えよう。自由市場で競争原理が働けば，供給者はよりよい財・サービスをより安く提供しようとし，需要家はその恩恵を被る。トラストやカルテルは競争条件を歪める取引制限であり，独禁法に違反する。競争に敗れた者は自発的に再チャレンジし，いつかは誰もが市場のどこかに自らの適材適所的な役割を見出すはず。会社は競争上の必要に応じて設立される道具にすぎず，競争に敗れた法人は清算も当然あり得る。こうした競争の結果，各自の取り分は最大

化され，社会全体の福祉が向上する。古典経済学は功利主義と一体となっている。その背後には，あらゆる自然人への各自の努力に見合った配分を目指すアリストテレスの正義論がある。

　以上が公取委の掲げる「公正」の内実だが，これには異論が可能である。競争原理は財・サービスの供給・需要という一面でしか社会を捉えていない。しかも，すべての市場参加者（自然人，法人）が自由かつ相互独立して合理的に行動するアトム（原子）である，と前提している。このビジョンはとりわけデカルトやホッブズ以降，近代欧州で浸透した理念的人間像だが，あくまで理念であって現実ではない。実際の自然人はアトムではなく，共同体のしがらみに巻かれている。会社（法人）も実際には株主・取締役会のみならず従業員とその家族，取引先，自治体，周辺住民など多くのステークホルダーを抱える集合体であり，その意思決定はアトムのそれとは言い難い。また，米国では再チャレンジを比較的容易にする法制度が早くから整えられているが，日本では未整備のまま。転職が成功する保証はなく，失敗して家族もろとも路頭に迷うリスクすらある。このような文脈で考えると，会社は決して社会における最適配分のために機動的に設立・清算される道具的なものと割り切ることはできない。競争原理は綺麗事にすぎず，実際にはカルテルを結んで会社を存続させ，自然人が食いつないでいく方がベター，という選択肢も出てくる。

　カルテル（cartel）は約束事を書いた切れっ端（伊語 cartello）が原意。騎士の決闘作法のメモ書きから転じて，企業連合や国家連合などを意味するようになった。経済カルテルは市場の不公正な支配が目的だとして 20 世紀になると米国で禁止され，これを戦後の日本も踏襲した。戦前の日本では不況カルテルが合法で推奨されていた。過当競争による共倒れを防ぎ従業員とその家族の生活を守るため，

限られたパイを分け合う知恵だった（不況カルテル制度は，戦後も一部長期間存続したが米国の圧力で廃止された）。現在でも町の銭湯や新聞・書籍の再販制度などで例外的にカルテルが認められている。これらカルテルの目的は市場支配ではなく，廉売圧力からの自衛，公益性，文化保護等にある。競争原理になじまない価値を国が「大きな政府」的発想で支持して自由経済原則と拮抗させているわけである。

　日本は現在も世界有数のカルテル王国。国内の談合のみならず，海外進出企業が欧米で摘発される例も後を絶たない。戦後の歴史を見ても，護送船団方式など国家ぐるみでカルテルまがいの経済政策が進められ，これが戦後復興と高度成長の原動力にもなった。カルテルを生み出す温床は，自発的に自由競争を放棄して裁量行政と業界慣行に守られ共存共栄を図る和の精神。ある程度割高な出費を強いられても，それにより皆が相応の利益を出して生活できるなら，治安の安定にもつながるので我慢する絆の心。ここには，功利主義とは異なる最適配分を目指す日本土着的な公正観がある。

　カルテル横行の裏側には「カルテルを結べば確実に利ザヤが稼げる」「今までやってきたのだからこれからも」「前任者までの方針を変更するとことを荒立てる，それはまずい」という日本特有の甘えや惰性，空気感も潜んでいる。また，土着的公正観は「元請が苦しいときは下請も我慢しろ」等の下請いじめを誘発するデメリットもある。しかし，この公正観には一定の合理性があるのも確かだ。実際のところ，この公正観と公取委的な公正観の違いは保護主義と自由貿易の対立にも通じるもので，一方が正しく他方は間違いといえる代物ではない。法律にはいずれの考え方も組み込まれている。公取委は米国連邦取引委をお手本に設置されたが，理念どおり公正な競争が期待できる米国的な自由市場環境は国内で未だ完全には実現

していない（多くの岩盤規制が残る）。また，TPP交渉に象徴されるように，日本政府自身，無制約の自由貿易・取引には賛成していない。

最近では，"fair trade" というといわゆるフェアトレード運動を指すようになった。自由競争の弊害である価格暴落や買い叩きが発生すると，途上国の零細農民・労働者の生活が破壊される。市場の自動的な価格調整に委ねたままだと，これらの人々に対する実質的な死刑宣告となる場合が多々ある。弱い立場にある人たちが最低限の尊厳ある生活を送れるように，売り手と買い手が共同で一種の価格カルテルを導入するのがフェアトレードの考え方。自由市場原理を徹底することで公正さを実現しようとする公取委の考え方（公取委管轄の下請法もこの考え方で弱者保護を目指している）とは異質であり，むしろ日本の土着的公正観と親和性がある。

企業人は独禁法対策や下請対策に関心があってもフェアトレードには無関心かもしれない。両者は一見，別個の問題だが，概念的には fair trade という一つの事象。欧米では，概念的に一つなら何らかの統一的理念（この場合，公正・正義の理念）に収斂するはず，というプラトン以来の思考が根強い。サンデルの正義論もこうした文脈にある。日本の土着的公正観は阿部謹也のいう「世間」のようなもので身近な環境（ふつう日本国内・日本国民のみ）でしか適用されていないが，これを汎世界的に広げることができれば，カルテルを好む日本企業はフェアトレード精神と波長を合わせて，市場開拓を進められる可能性がある。途上国で商品を買ってもらうには，現地の零細庶民に最低限の所得が行き渡らねばならない。中国やインドの人件費が高くなったことを嘆くより，現地の可処分所得が向上していることを喜び，商機拡大につなげた方が企業にとってもより生産的だろう。

# 公正について (2)

　「公正」は明治期に fairness や justice, あるいは独語 Gerechtigkeit の訳語に充てられたが, 元は韓非子や荀子に用例がある古い熟語。漢字の歴史をひも解いてみよう。

　殷代の青銅器に刻まれた金文の研究者である白川静によれば,「公」は宮廷の祭祀儀礼が行われる場所を象った字(『字通』)。中国には古来, 天命を受けた支配者が治世を担うという思想が根を張っている。支配者は恭しく儀礼を尽くして統治に勤しむことで天命に応えるべきものとされる。「公」はこうした儀礼と統治の文脈を広く指す。

　他方, 後漢時代の字典『説文解字』は韓非子を引合いに出し,「公」の字義を「私に背く」すなわち「私を殺ぎ落とす」としている。この解釈は白川説と矛盾しない。天は支配者に私心を排した統治を命ずる。「公」の場に「私」を持ち込んで私欲に溺れる王朝は天に見放され, 別の政治勢力により誅される。王朝の交替, すなわち革命である。

　韓非子が強調するのは,「公」が「私」と隔絶した別次元の領域であり, しかも「私」に対して絶対的優位にある点。この思想は日

本にも強い影響を与えている。「お上のやることには刃向えない」「下々が何を言ってもお上のやることは変えられない」という台詞があるが，日本でも江戸時代までは支配者の決定が絶対で，一般庶民が何を言おうと変えることはできなかった。明治憲法下でも主権者は天皇であり，臣民がお上の決定を変えるのは不可能だった。国民主権の日本国憲法となった現在でも，「選挙に行ってもどうせ何も変わらない」という閉塞感が満ちている。こうした政治的無力感は，「公」と「私」の異次元性が今も日本人の心性に深く刻まれていることを物語る。

　近代になると「公」は public，「私」は private の訳語に充てられた。だが，public と private の区別は日本における「公」と「私」のような異次元の対立ではない。public の祖形はラテン語 populus（「人々」）の形容詞形 publicum。private の祖形はラテン語の動詞 privare（社会的地位・役職から引き離す）の過去分詞形 privatum（地位・役職から引き離された状態）。この動詞は privus（「社会的地位・役職を離れた個人」）から派生した。ローマ法は物を公共物（res publica，神殿や広場など）と私物（res privata，農地や家畜など）に分類し，双方を保護した。populus は privus の集合体。privus どうしのみならず privus と populus との間にも利害の対立があり，その調停は法（ius）に委ねられる。populus と privus は法の支配という同次元に属し，均衡が図られる。欧州の法制史は privus の権利の拡張史であったと同時に，populus の利益を私権乱用から守る歴史でもあった（17世紀フランスに生まれた公序概念はその一例）。米国の機密をスノーデン氏が暴露した事件は，現代において privus と populus の利害調停が如何にあるべきかを我々に問うている。

　「正」はどうだろうか。『説文解字』はこれが「一」と「止」の会意文字，「一なる拠り所を守って止まる」という趣旨で「正しい」

の意であるとする。白川静は「正」が元来，城砦を征服すべく進む
さまを表し，転じて支配者の行為や決定に備わる特質（正当性）を
意味するようになった，とする。二つの解釈は相互に矛盾しない。
特定の権力者による政治的決定は必ずしも「正」ではない。「正」
なのは天命に基づく決定である。もっとも，天命が何であるのかは
統治や革命の成功・失敗から推し量るしかない。治世が保たれる限
り，支配者の行為や決定は天命に背いていない。革命が成功すれば，
地位を追われた前王朝は天命に背いていたことになる。「正」は既
成事実としての統治や革命を権力者の側から形容する語であり，天
という審判者がいるとはいえ権力者の恣意性から免れないと言え
る。

　「正」は近代，just（「ius に従った」の意）や right（独語 recht）の訳
語に充てられた。ius は populus と privus が共に従うべき普遍的理
念としての法。right の原意は「垂直」，「斜めに立てた木材や石組
みは倒れる，垂直こそが正しい立て方」という発想で自然合理性を
表す語。いずれも人の恣意を許さない法則性や理念を表している。
他方，「正」は恣意を脱しきれない人治の文脈にある。

　このように，「公」も「正」も欧州原産の概念とは由来が異なる。
白川説を踏まえて「公正」を言い換えれば，「天命の裏付けを持ち
私心を廃した統治に備わる正当性」とでもなろうか。これを「民が
不満を感じない優れた統治に備わる法規範一般」などと解するなら，
「公正」と justice の意味は重なってくるのかもしれない。しかし，
民衆が不満を感じないなら justice が実現されている，とは必ずし
も言えない。高度成長を経て豊かな国民生活を実現した戦後日本の
政治はトータルで見て概ね国民を満足させてきたと思われるが，そ
の結果千兆円超の国債が将来世代につけ送りされている現状を見る
と，justice に適う統治が果たして行われてきたのかどうか甚だ疑わ

しい。日本で「公正」という語が使われる際，上述した「公」と「正」にまつわる伝統的含意（とりわけ公私の異次元性）が現在も無意識のうちにつきまとう。これでは，privus と populus が共に服すべき理念としての justice は，日本語で再現できないことになる。

justice には「正義」という訳語も充てられる。こちらも荀子らに見える古い語。「義」は白川説によれば犠牲に捧げられる羊の体が完全無欠であることを表し，「神意に適う」「儀礼に適合する」，転じて「正しい」の意となった。『説文解字』では「義」とはもっぱら儒教概念，すなわち時宜に合致した礼儀正しさの意。いずれにせよ「公」や「正」と同じ文脈にある語である。「正義」をかみ砕けば「私心を排して天命に従い儀礼が全うされること」とでもなろう。「正義」と justice との間には，「公正」と justice と同様の距離がある。

justice は実現されるべき理念，到達されるべき目標，達成されるべき目的である。ローマ的な法の支配のみならず，プラトンのイデア説，ヘーゲルの絶対精神，米国の市場原理主義などはいずれもこうした理念への信仰に支えられている。「正義」や「公正」という漢語が justice に対応づけられても，こうした理念信仰そのものを訳出することはできない。それどころか，漢語の含意と欧州語の概念性が混在することで，根無し草的に浮遊を始める傾向すら出てくる。かつてロラン・バルトは漢字や仮名やアルファベットが浮遊する日本の言語空間を「表徴の帝国」と形容したが[1]，この帝国においては「正義」も「公正」も単なるレッテルや絵空事に矮小化されがちである。サンデルの講義が日本でいくら流行しても，この根強い傾向を払拭するのは容易でない。

とはいえ，翻訳語を通して日本に移植された欧州近代法は日本にもその実情を踏まえつつゆっくりと定着し，社会通念自体を変えてきた側面があるのも事実。みずから理念の民となることはできなく

ても，理念の民が生み出したものを写し取りその恩恵に与ることはできる。デメリットもあろうが，漢語はその媒体として重要な役割を果たし続けている。

### 注

1) ロラン・バルト『表徴の帝国』（宋左近訳，新潮社 1974 年刊，後にちくま学芸文庫 1996 年刊），原題は L'Empire des signes（直訳すると「記号の帝国」）。

# 第18話

# 正当・不当・適当・過当

　前回取り上げた「公正」と似た語に「正当」がある。「当（當）」は『説文解字』によれば田が向き合い整然とつりあう様子を示す会意文字だが，白川静は尚（神を祀る窓）と田の組み合わせで稲作の節目に執り行うべき諸儀礼を表すものと解している。いずれの解釈でも，「當」はパッと見て（直感的に）ぴったり基準と合致していること，すなわち的中性を指す。「正當」は『易経』にある古い熟語で，やはり的中性の意。漢語の日常表現で「（時期などが）ちょうど」の意でも使われる。また人の性格の実直さをも意味することがある。

　「正当」は明治期に日本で法律翻訳語へと転用された。最初期の用例にボアソナード刑法中の「正当防衛」がある（「正当防御」とも訳された）。仏原語 légitime défense は刑法のみならず国際法概念でもあり（「集団的自衛権」における「自衛」の原語でもある），祖形のラテン語 legitima defensio は教会用語であった。キリスト教は「右の頬を打たれたら左も差し出せ」と言われるように暴力的な正当防衛をかつて一切認めなかった。legitima は lex（制定法）から派生した形容詞の女性形（男性形は legitimus，中性形は legitimum），英 legitimate の祖語で「法に適合する」が原意。適合性の判断は直感任せでは不

十分で，説得的な論証手続が必要不可欠。この手続全体を legitim-系の語は含意する。

　論証手続に際しては，直感と必ずしも合致しない理念的構築物も多々導入されてきた。例えば正当防衛の根拠として持ち出される「法益」は独語 Rechtsgut の訳語，その元をたどるとプラトンの善のイデアやトマス・アクィナスの共通善（いずれも「よい」という日常語を理念化したもの）。「法益」は正当化手続に際して措定される抽象的価値で，直感レベルに留まっても見えてこない。legitim-系の語が含意する論証手続の全体にはこうした理念的構築物も構成要素として含まれる。

　明治以降，「正当」には直感的な的中性という原意の傍ら，こうした欧州起源の含意も付け加わった。『法令用語日英対訳辞書』最新版は「正当」を原則 justifiable，正統性の意味で legitimate，妥当性の意味で proper，更に文脈によっては due と訳す。just の祖語はラテン語 iuste（「法 ius に適った」の意），これは元来，なぜ適法かの理由を示せる文脈で使われる語。justifiable はまさにその理由を示すことができる，の意。due（第4話参照）や proper（ラテン語 prope「近接した」から派生，「自分のもの」，転じて「適切」「妥当」）も同様で，いずれの英語にも正当性の根拠やかくあるべき理由の切れ目ない全体が含意されている。

　他方，日本で「正当」を叫ぶ人は現代でも正当化の手続と切り離された直感レベルに留まりがち。たとえば尖閣諸島に中国の艦船が接近する報道映像を見て「中国のやり方は正当ではない」と直感的に反応する日本人は多々いるだろうが，中国を理詰めで説き伏せようとする人は少ないのではないか。直感を理詰めで正当化する能力を備えた人たちは存在する（法曹はその典型だろう）が，比較的少数である。一般市民の多くは，正当防衛すべき状況に置かれると感情

第18話　正当・不当・適当・過当　*93*

的に反応するか，逆に我慢し沈黙してしまう。後者の反応は「どう
せ何を言っても聞く耳を持たれない」「言っても仕方ない」という
公私異次元性（第17話参照）に裏打ちされた日本独特の諦念である。
正当性を理詰めで展開するひな形は法理として欧米から導入済み
で，トレーニングを受けた法曹が公的文脈で駆使するものの，一般
市民の私生活になかなか浸透しない。「正当」の原義が浸透を阻ん
でいるのかもしれない。

　同じことは否定形の「不正」「不当」にも言える。「不正」は『論
語』に用例があり（「正」については第17話参照），明治期に仏語
injuste，独語 unrecht などの訳語に転用された。正当防衛と関わり
が深い「急迫不正の侵害」はドイツ法概念（gegenwärtiger und
rechtswidriger Angriff）の翻訳語。『辞書』はこの「不正（rechtswidrig）」
を unlawful，「不正競争」を unfair competition（不公正），「不正使
用」を unauthorized use（無権限）と訳す。「不当」は『礼記』に見
え「直感的に見て基準に的中せず」の意，やはり明治期に法律用語
となった。例えば「不当利得」はボアソナード民法で
enrichissement indû に充てられた訳語，indû は dû（英語 due）に否
定辞 in（英語 un）がついた形で「あるべからざる」。『辞書』は
unjust enrichment と英訳する。いずれの欧州語も不正あるいは不
当であることの理由全体を含意する。

　もちろん，「正当」「不当」の叫びは洋の東西を問わず人の直感的・
反射的な反応からほとばしるもの。正当・不当の理由付けは後から
ついてくる。しかし，理由付けは欧米では法律家の専売特許ではな
い。抽象的理念を伴って日常語で敷衍され，一般市民の日常生活の
中で各自の自己主張を支えている。欧州近代の歴史は，一般市民が
理詰めの自己主張を通して公的な法の支配に参与し，自らの私的空
間の平穏を実現してきた歴史である。

他方，日本では法律が秘められた私的領域とは無関係な建前の問題，と見なされる傾向が未だに強い。大岡裁きや水戸黄門など日本で好まれる時代劇には次の点が共通している。すなわち，超越的な異次元である「公の世界」から神の如く秩序が降臨し，私的領域の平穏をもたらす。これを裏返せば，憲法上は主権者とされたにもかかわらず，公的問題を理詰めで解決すべく主体的に主張するのではなく，「誰かがやってくれるだろう」と問題を先送りしつつ直感的世界にまどろみ続ける怠惰さ，あなた任せの無責任さ，ということにでもなろう[1]。「正当」「不当」が直感レベルに呪縛されたままだと法化社会の実現には大きな障壁となる。

ほかにも「適当」「過当」「至当」「相当」等，本来は直感を指した「当」系の語を明治の法律家は早くから合理性を指す翻訳語として多用した（当時の判決文からも伺える）。「適」は「本来あるべきもの（「嫡子」の嫡）に沿う」が原意，「適当」は『論語』に用例があり，やはり直感できる的中性の意。日本では戦後，意図せぬ別の観点での「あるべきもの」に偶々的中してその場をしのぐ，という文脈で「いいかげん」を意味するようになった。こうした意味の派生は「適当」が直感に生い立ちを持つ語なればこそ。「適当」を『辞書』はappropriate と訳す（旧版には proper, suitable という英訳もあった）が，これら英語は「いいかげん」の意になりえない。

また，「過」は「通り過ぎる」，「過当」は『史記』に用例あり，的中させるつもりが通り過ぎてしまう，の意。『辞書』は旧版で「過当競争」を excessive competition と訳していた（現行版では見出し語から削除）。企業の行為が正当な自衛か，それとも不当・過当なのか，公取委はもちろん直感ではなく，客観的基準に従い理詰めで判断する。その基準や理由はすべての市場参加者に影響する問題で，欧米ではその原則論が一般市民の主体的参画を通して確立している（欧

州は自由と平等を両輪として，米は自由放任により強いウエイトを置いて）が，日本では専門家任せのまま，一般市民から遠い世界の出来事であり続けているようだ。

## 注

1)　この怠惰さは，別の側面から見ると，日本人の感覚的好奇心の旺盛さ（伝来したばかりの鉄砲を世界に先駆けて広めた原動力であり，世界に誇る繊細な食文化の源でもある）や私的空間に没入して芸術的創造力を発揮する特徴（伝統工芸やいわゆるクールジャパンの源泉）にもつながるもの。それゆえ，決して非難されるべきものではない。他方，この怠惰さが社会にもたらす弊害もまた甚大である（水俣病問題のこじれや現在も多発する企業不祥事のみならず，日本が満州事変を経て十五年戦争に巻き込まれていくプロセスなどにもこうした怠惰さが関与していると思われる）。過去のこうした弊害から学び，将来に活かすよう努力を続けることは必要不可欠だろう。

# 第19話

# 不法と違法

第18話で取り上げた「不正」「不当」と似た語に「不法」がある。「法」は略字で，正字は「灋（水と廌と去からなる）」。『説文解字』は刑罰の意とするが，字義については諸説紛々。最新の白川静説によれば，廌（タイ）は神判に用いられる獣。神判中に廌が触れた当事者は敗訴し，廌は水に投棄され流れ去る。このような判決の次第が「法」の原義，と白川は考える。「法」の意味は，不可避なる天の定め，掟，道理，刑罰，と広がっている。韓非子ら法家の思想は厳しい刑罰を科す統治の必要性を説いた。仏教の渡来後，「法」はサンスクリットの dharma（ダルマ）の訳語としても用いられた。否定形の「不法」も古典漢籍に広く見られ「道理・法律・仏法に反する」の意，日本でも昔から「礼儀を欠き洗練されていない」の意で広く使われた（17世紀初頭の『日葡辞典』に収録）。

ロプシャイト『英華字典』（1866-69）は「法」を law に，「不法」を illegal, illicit, unlawful 等に充てた。law は lay と同語源，元は「置かれたもの（掟，制定法）」の意。明治期の日本では law のみならずラテン語 ius 系の語（仏語 juste や droit，独語 recht）が広く「法」と訳され，「不法」はその否定形（仏語 injuste，独語 unrecht）に対応づ

けられた。ius は lex（制定法）のみならず自然法（ius naturale）を含む広義の法，正義，つまり理念としての正しさのこと。故意過失により「不法（injuste）」な損害を発生させる行為をボアソナードは仏民法典に倣い「犯罪（délit）」と呼んだが（旧民法財産編370条），19世紀仏独の民法学は délit の一般要件を分析して acte illicite, unerlaubte Handlung なる概念を新造し，日本でもこれを「不法行為」と訳して踏襲した。『法令用語日英対訳辞書』は「不法行為」を tort と訳すが，英米法の tort（元はラテン語 torquere「ねじ曲げる」の過去分詞形 tortum，仏語を経由して導入されたコモンロー用語）は様々な不法行為類型の総称で，それらの一般要件を指す語でない点に注意が必要。

　「不法条件」「不法原因」は仏民法概念 condition illicite および cause illicite の訳語，公序良俗違反の条件や原因のことで，淵源はローマ法の condictio ex iniusta causa（不法原因による利得返還請求訴権）。illicite の祖型はラテン語 illicitum，これは licere（「許される」，lex の元になる動詞）の過去分詞形 licitum に否定辞 in- がついた形。licitum は legitim- 系の語（第18話参照）とほぼ同義。『辞書』は「不法原因給付」を performance for illegal cause（旧版は payment for illegal reasons と訳した時期もあった，第23話参照），「不法条件」を unlawful condition と訳すが，この訳では当概念の歴史的由来まで表現しきれない。ローマ法の良俗規定を共有しない英米法の文脈でこの英訳を理解すると，日本法の誤解につながり得る。

　法律分野以外では，「不法」は明治以降も江戸期と同様，広い文脈で否定的価値判断を示す語として用いられ続けている。「不法侵入」「不法所持」「不法滞在」などはいずれも厳密な意味での法律用語ではなく，「違法かつ社会的非難に値する」というような意味を込めて用いられる俗語表現。「違法」と「不法」の違いはしばしば

問題となるが，NHK は放送用語解説で「違法」は法律違反のこと，「不法」は法律違反プラス反社会性を含意する語，と区別している[1]。これが現代日本人の標準的な語感だろう。

「違法」は唐律に用例あり，『英華字典』はこれを「不法」と区別なく illegal や unlawful の訳語にあてた。日本では「不法」と区別され，主にドイツ流の刑法の文脈で（rechtswidrig の訳語として）使う語法が定着した。前述の délit（独語 Delikt）も刑法では「違法行為」と訳される（祖語はラテン語 delictum，これは「道を外れる」を意味する delinquere の過去分詞形，「規範を逸脱した」が原意。因みにローマ法の刑法は民法の一部で，delictum は今日の犯罪と不法行為のいずれをも指す語だった）。もっとも，刑法では「急迫不正の侵害」のように rechtswidrig を「不正」と訳す文脈もあり（第18話参照），訳語の一対一対応が徹底されているわけではない。他方，「不法」も刑法の文脈で使われるが，例えば「不法領得の意思」の独原語（Zueignungsabsicht, 直訳すると「領得意思」）中に「不法」に当たる直接的表現はない。構成要件要素を分かりやすく形容するために日本人が江戸期以来のニュアンスを込めて「不法」と補ったのだと考えられる。また，日本では不法行為法がドイツ刑法に準じて解釈されてきた歴史が長く，今でも民事の判決文に「違法」という語が使われることがある。「違法」は刑，「不法」は民，というわけでは必ずしもない。

「不法」と「違法」の違いは，それぞれの対立語を考えるとより分かりやすくなるかもしれない。「違法」の対立語は「適法」（適法行為の期待可能性，などの文脈），これは明治日本における新造語で，ドイツ法概念 rechtmäßig の翻訳語。「違法」と同様，法律用語である。だが，「違法」の対立語は「合法」でもあり得る。「合法」はロプシャイトが lawful の訳語に充てたが，日本では法律用語にならず，

適法性を政治的・社会的文脈で指す表現となった(「合法的活動」など)。「合法」はその適法性という意味に着目すれば「違法」の対立語であり得るが,政治的社会的文脈の語としてはむしろ「不法」や「非合法」が対立語である。「非合法」は「不法」と比べて使用される文脈がより限定される(「非合法政党」など)。また,「適法」には「不適法」という対立語があるが,これは主に手続法の要件不具備という限定的文脈で使われる(民事訴訟法 140 条など。『辞書』は unlawful と訳)。

　なお,「法」で終わる語の多くは法律用語ではない。例えば「遵法」は古くから漢籍に用例のある表現,「順法」は「遵法」に代えて戦後の日本で用いられ始めた俗語(「順法闘争」など)で,いずれも法に従う精神性や倫理を指す語。「無法」も古典漢籍にある表現で「不法」とほぼ同義だが,法律用語としては定着しなかった(「無法状態」や「無法者」などの日常表現に留まる)。「脱法」も戦後日本で使われ始めた俗語,法律の欠缺をかいくぐる工夫を指し,立法の虚を突く反社会性(悪しき倫理性)という含意を持つ(「脱法ドラッグ」など)。法の欠缺がある場合は「條理」に従って判断する,と明治初期から言われるが,「條理」は『孟子』に見える表現で道理,ことわり(「條」は幹から枝が伸びていく様を指す,「条」は略字)。江戸期には三浦梅園がこれを中心概念として独自の思想を打ちたてた。明治政府は「條理」を reason(仏 raison, 羅 ratio)の訳語として使った。「法」を含む表現は東洋の伝統と西洋起源の法律とに股をかけて浮遊している。

### 注
1)　NHK 放送文化研究所のホームページによる(http://www.nhk.or.jp/bunken/summary/kotoba/gimon/176.html　2015 年 8 月確認)。

# 第20話

# 特権と特許

　正社員ばかり優遇され非正規は割を食っている，と考える人から見れば，正社員は「特権の上に胡坐をかく」状態なのかもしれない。ナフサは国際競争力維持を理由に特例的に石油石炭税を免税されているが，ガソリン購入者から見ればこれは「特権」と映るのかもしれない。これら「特権」はいずれも法に基づく正当性を持つのだろうが，「特権」という語には正義に反する不当な状態というイメージがつきまとう。

　「特権」は privilege の訳語。原語はラテン語の privilegium，これは privus（共同体における役割から切り離された裸の個人，第17話参照）と lex（制定法）の合成語で，ローマ法では一般法と対立する特別法の一種，すなわち特定人物をターゲットとする法令を意味する（例えばキケロに対する追放解除令）。つまり，法に基づく正当なもの（正義 ius に合致するかどうかはともかくとして）で，当該人物に対する権利付与でも義務負荷でもあり得た。主に権利付与法の意で privilegium を使い出したのはユスティニアヌス帝の頃から。

　ノーベル賞を取った中村修二教授が「職務発明の帰属先は会社か，技術者個人か」という問題をなげかけたが，特許（patent）は合

法的特権の代表格だろう。英原語は letters patent（ラテン語 litterae patentes）に由来，これは中近世に英国で汎用された国王による権原や権限の認証手段で，開封の必要がない体裁で特定者への権利付与を明示する手紙（封緘された公文書は letters close, litterae clausae と呼ばれた）。patentes は動詞 patere（開かれる，白日の下にさらされる）の現在分詞 patens の複数形，litterae patentes は「誰の目にも触れる手紙」が原意。役人の任命や勅許の授与等に数多発行されたので慣用的に複数形が使われる。

　中世末期以降，欧州では風車や水利，鉱山技術など様々な分野で個人の創意工夫に基づく技術革新が起こった。それまで多くの技術はギルドのような職能集団が囲い込んでいたが，新技術の開発者たちは技術を公開する代わりに許諾権を主張するようになる。為政者も技術公開が産業発展につながるメリットを重視し，期間限定でこの権利を公認するようになった（フィレンツェの建築家ブルネレスキは大理石運搬法で3年の権利を取った）。1474年，ガラス細工技術者の求めでベネチアが許諾権を初めて成文法で保証した。

　当時の英国は後進国。先進技術を持った人材を国外から集める必要があった。そこで，こうした人材に letters patent を発行して期間限定で独占を許し，時が経過したら英国人に技術を開放する，という政策が採られた。大航海時代が到来すると征服者にも letters patent が発行された。1496年にはイタリア生まれのユダヤ人カボットにヘンリー7世が letters patent を出し，征服地の独占権を一定期間保証している（コロンブスはスペイン国王と当時のスペイン流儀の契約を結んで航海に出かけた）。

　letters patent の交付にはそれなりの費用が徴収された。王室の側からすると体のいい金儲けにもなる。やがて王室は外国人のみならず自国人に対しても letters patent を乱発するようになり，17世

第 20 話　特権と特許　*103*

紀初頭にはあらゆる生活必需品に何らかの独占権が付与される状態に陥った（フランシス・ベーコンは大法官として乱発の片棒を担ぎ，汚職の罪で罷免されたことがある）。これに議会が抑止をかけたのが 1624 年の Statute of Monopolies（独占法）。これは特許要件を厳格化し保護期間も制限する法律だった。チャールズ 1 世はこの法を無視して特許乱発を続け，これが清教徒革命の伏線の一つとなった。

公開が特許の要件となったのは 16 ～ 17 世紀のフランス，デカルトの「我思う」が新思想として時代を席巻し始めた頃。近代欧州はこの「我思う」に象徴される理念的「私」（自由な個人，尊厳ある法的人格）を軸として法制度を構築していったが，特許制度も例外ではない。発明者は一人の「私（privus）」として無数の「私」と共に「公（publicum）」的な社会（自由市場）に参加する。発明者の利益は社会全体が得る「公」的利益（技術公開）と調整の上で，知的財産として保護される。知的財産権は無制約ではなく，美徳が歯止めをかけたり（良俗違反の発明は特許されない），平等実現のため制限されたりもする（エイズ特効薬を第三世界で廉価配布するために特許権の行使が抑制された）。理念としての「私」と「公」が相互に本音をぶつけ合い，あるべき法の実現が目指される。特許制度はこうした正義論のダイナミズムの所産である。

20 世紀になると，技術開発は多くが会社単位でなされるようになった。職務発明には技術者個人の技量だけでなく，社命，会社の用意した資金や研究環境，社内のチームプレーなどが揃わねば不可能な面がある。日本の特許法は他の諸外国と同様，職務発明の帰属先を原則として技術者個人とするが，他方で微々たる報奨金と引き換えに会社が特許権を承継する慣行も併存し，技術者がより多額の見返りを会社に求める訴訟もしばしば発生した（中村教授もそうした技術者の一人）。そこで職務発明の帰属先を会社とするか，技術者個

人とするか，特許法を改正して明文化する検討が始まった。前者を主張した代表格は経団連，中村教授は後者を主張する論客として有名になった。2015年の改正で軍配は前者に上がり，大企業は社内ルールを作って特許権を最初から会社に帰属させることができるようになった。

　会社と個人のこの対立は，前々段で言及した欧州的な「公（publicum）」「私（privus）」の文脈で見るとあくまで「私」どうし（私法人と自然人）の対立だが，日本的な「公」「私」の文脈（第17話参照）では容易に「公」「私」の対立へと転化する。日本的な「公」「私」の対立は「公＝漢語で表現される建前の世界」と「私＝大和言葉で表現される本音の世界」の棲み分けを基軸としていた（公私異次元性）。会社は私人にとってある意味で「公」の場，建前の世界であり，本音が飛び交う私秘的空間とは区別される。たとえ個人の努力に負うところが大きい発明でも，「公」である会社に帰属すると言われたら「そうですか」と言いなりになるケースはこれまで多々あったし，今後もあるだろう。日本にはこうした「言いなり」を美徳と見なす傾向すらある（第7話参照）。この美徳は会社のみならず，家族，学校のクラス，地域，国家など様々なレベルで日本の共同体に息づいている[1]。これら共同体はそれぞれが「公」の役割を担いつつ，各自の「私」を無言のうちに圧迫しているかの如くである。「私」の側は黙って耐え忍ぶことを強いられる。

　これでは技術者が萎縮して日本の技術発達が沈滞しかねない，職務発明を技術者個人に帰属させて沈滞リスクを払拭すべし，と中村教授は問題提起したわけである。我々の文脈では，中村教授の主張を次のように捉え直すことができる。欧州的な法制度や正義論は「私（privus）」の本音を「公（publicum）」との対立において一定程度（自由，平等，尊厳などの概念の下に）保護すべく発達してきた。し

かし、明治以降これが日本に導入されると、日本的な「公」「私」対立の文脈が優越してしまう。すなわち、欧州起源の法制度は漢語で翻訳されることにより日本的対立においてはその全体が「公」の側へと位置付けられ、神棚に祭り上げられてしまう（お上である政府がお仕着せで整備したのだからやむを得ない）。他方、会社も、日本的な「公」「私」の対立における「公」的な存在である（前段の通り）。日本では、「公」的なものは何であれ、建前の世界に属する。これに対して、「私」が住む本音の世界は、建前の世界が及ばない各人の私的空間（大和言葉が飛び交う）として密やかに確保される。両世界は異次元であり、相互に影響を与えあうことなく併存し続ける（これが「法の支配が日本で定着しない」ということの実相に他ならない）。これと並行して、「私」に「公」を優先させる美徳も強固に存続し続ける。この結果、欧州的な法が目指した「私」の保護は、日本では建前の世界の中でのお話として片付けられ、十分に実質化されないまま、すでに百年以上が経過してしまった。中村教授の主張は、「私」の本音を密やかさから解放して明言的に「公」的な会社と対立させ（これが先の美徳に反するから彼の主張を煙たがる人が日本には多いのだろう）、のみならず理念化して「公」的な特許法にも反映させようとするもの。すなわち、「私」の本音を法の支配により守ろうとするもの。この主張は、特許法という特殊領域におけるその正否はさておき、法の支配の徹底により私的空間を守ろうとした名誉革命やフランス革命と疑いなく方向性を同じくする[2]。

　特許制度に対しては「独占を助長する特権であり正義に反する」とする見解もある（19 世紀後半の欧州で隆盛、現代のオープンソース運動等につながる）。あらゆる合法的特権は正義に反し得る。労働格差や税法特例を放置する実定法もまた然り。では、どういう法制度が望ましいのか。正義論はまさにその処方箋であるが、日本では特許、

労働問題，税制は全て別個の「専門領域」とされ，領域横断的な正義論の観点から諸制度を論ずる風潮に乏しい。自由重視派と平等重視派の二大政党制が実現せず国民に選択肢が提示されないことがこれを象徴している。国民も多くは現実を嘆くだけで自らは何もせず，専門家や国（「私」とは異次元にある「公」）に全てを委ねたまま。専門家や政治家・官僚は法の支配を作り出そうと苦心しているが，各領域の重箱の隅つつきや我田引水的なロビー活動に陥りがちで，時に誤りを犯すこともある（福島第一原発事故が好例）。今さら法律用語を大和言葉に置き換えて本音の世界の理念化を図るのは無理だろうが，中村教授を皆が見習えば日本にも長い目で見て正義論が根付いていくかもしれない。

## 注

1) この美徳には「和の精神」という美名すら冠されている。確かに「私」に「公」を優先させて協調することが美徳である局面は多々あろう。だが，一つ間違うと「公」の名の下に「私」に理不尽な犠牲を強いる悪徳まがいの価値観に転換するリスクもある（「八紘一宇」をスローガンとして太平洋戦争中に起こった様々な出来事はその実例だろう）。我々は美徳が悪徳に転換することのないよう歴史から学び，将来に活かしていくべきだろう（第18話の注を参照）。

2) 日本的な「公」「私」対立（建前の世界と本音の世界の異次元的対立）と欧州の伝統的な「公（publicum）」「私（privus）」対立（法の支配の下での同次元的対立）の違いは，会社に掉さすと以下のように敷衍できる。日本の「公」「私」対立において会社は「公」となり得る（本文中で言及したように）一方，次の文脈では「私」にもなり得る。すなわち，会社が外部（他社，地域住民等）との関係や政官界へのロビー活動などにおいて限りなくエゴをむき出しにして「私」的にふるまう文脈である。日本的な「公」「私」対立は，会社を一意的に「公」の側に分類しておしまい，というような硬直的なものではない。むしろ，「公」と「私」は臨機応変にその都度の局面で使い分けられる役割にすぎない（「公人」と「私人」のように）。会社が「公」とな

る文脈，「私」となる文脈，どちらも日本社会には併存している。

　他方，欧州的な publicum と privus の対立は，自然人や法人，その集団など，この世のあらゆる事象を publicum と privus に一意的に分類・二分した上で，（いわば神の目線から見て）法の支配の下に秩序立てようとする。この文脈では，会社はあくまで自然人が目的に合わせて設立した一私法人にすぎず，自然人同様「私（privus）」であり，「公」には分類され得ない。

　日本では明治以降，日本的な「公」「私」の対立が保持された上に欧州的な「公」「私」の対立が持ち込まれ両者が交錯した。これにより日本の社会事象は随分と複雑化し，欧州文化圏の人々から見ると分かりづらくなっている。阿部勤也が諸著作で「世間」をキーワードに日本文化論を展開したが，これを我々の文脈で捉え直すと以上のようなことが言えるだろう。

# 第21話

# 権原と権限

　権利や行為の正当性を説明する文脈で「権原」「権限」「権能」等の概念が持ち出される。「権(權)」はもともと秤に使うおもりのこと，転じて力や勢いを指す。「権利」は『史記』中に「力と財貨（権力者が持つ）」の意で用例があるが，明治期にrightの訳語に転用された。「権原」「権限」「権能」は明治期に新造された法律用語の翻訳語。

　「権原」はボアソナード民法が仏語titreに充てた訳語で，「権利の原因」の略語。原語はラテン語titulus，文字を記すための木片や石片，あるいはそこに記された銘字句（名声や栄光を刻んだ文字列）が原意。転じて名声や栄光そのもの，紀元後にはローマ法用語となり，権利の源泉，正当性の根拠という文脈で用いられた（iusta causaとほぼ同義）。中世になるとintitulare（法的権利・資格を与える）という動詞形もできた（英語entitleの祖語）。

　ローマ法大全には「titulus（売買契約や贈与契約等）に基づき一定のmodus（引渡）を経ることで初めて所有権が取得される」，すなわち「titulusとmodusが所有権取得の要件となる」という考え方（titulus-modus理論）がある[1]。これはプロイセンやオーストリア，スイス等の民法に継受されたが，仏民法は「所有権取得にmodus

は不要，titulus だけで足りる。ただし，正しい titulus（iustus）でなくてはならない」という考え方を採った。この iustus titulus（仏語juste titre）が「正権原」と訳されてボアソナード民法に導入された（旧民法証拠編 144 条など）。ドイツ流の明治新民法では条文中から消えてしまったが，実務では今も「占有正権原」等の表現が生きている。「権原」そのものは民法のみならず多くの法律条文・解釈中で生き残っている。

titulus-modus 理論によれば，titulus は所有権取得の原因（causa，第 23 話参照）であり，正権原は正当な原因（iusta causa）とされる。反対に，不正な titulus は不正な原因（iniusta causa）であり，所有権は取得されない。iniusta causa は「不法原因給付」における「不法原因」の祖語でもある。他方，iusta causa の英語形 just causeはこうしたローマ法の伝統から完全に切り離され，人の行動の分別一般を表す英米法用語となった（日本法に頻用される「正当な理由なく」という表現の原語）。現代日本の法律用語にはローマ法由来と英米法由来の混沌状態が生じている。

『法律用語日英対訳辞書』は不正競争防止法 19 条「その取引によって取得した権原の範囲内で」における「権原」を authority と訳す。権原があれば，それに基づき一定の範囲で何かをやってよい。その範囲を強調する表現が「権限」（「権利の限界」の略語），明治期に英authority（仏 autorite）の翻訳語として新造された。祖語はラテン語auctoritas。この語は動詞 augere（増大する）の動作主形 auctor（増大の原因となる者，「保証者」「提案者」「売主」「助言者」「著者」など様々な文脈で用いられた）に由来，auctor が持つ属性一般の総称。auctorの権利のみならず義務や責任をも意味し，ローマ法では古くから売主の担保責任（追奪担保訴訟に際して被告となった買主を助ける責任）を指した。また，十二表法には usus auctoritas という時効制度があっ

た。詳細は不明だが，土地は2年，ほかは1年が経過したら使用者が時効取得し，それ以降は自らが責任を負う，という制度だったらしい。

政治的な文脈では「政務官のpotestas（権力），元老院のauctoritas（権威）」という用法があった。政務官（praetor）が決定を行う際には元老院（senatus）がローマ設立の趣旨に照らしてお墨付きを出す（保証者として機能する）。元老院の実権は時代により強弱があったが，その権威は「助言以上，命令以下」という性格を持ち，政務官が従わないことはあり得なかった。権力と権威の二重構造はローマ滅亡後の中世にも形を変えて受け継がれる（王の権力，キリスト教会の権威。教会は王より上位にある）。

auctoritasはpotestasに保証を与える権限であると同時に，保証内容に対して負う責任でもある。他方，potestasは形容詞potis（できる，力がある）の名詞形（英語powerの祖語）で，一方的に力を行使する能力のこと。責任は含意しない。日本語で「権威」と言うと，postestasと同様，力能の面ばかりがイメージされ，責任の面はかき消されがち。「権限」にもこの一面的イメージが忍び込んでいる。『辞書』は「職権で」をby one's authority[2]，「親権」をparental authorityと訳すが，authorityが責任を伴う権限であるのに対して，「職権」や「親権」は権力の一方的行使を連想させやすい。日本語の「権威」「権限」の語感はauctoritasよりもむしろpotestasに近い。

実は，「親権」は独語elterliche Gewaltの直訳。その淵源はローマ法のpatria potestas。家長権限が絶大だったローマでは家長から子への関係は一方的なものだった[3]。『辞書』がright to represent（旧版ではauthority of representation）と訳す取締役の「代表権」も元はドイツ法のVertretungsmacht（「代表者のpotestas」の意）。『辞書』は「権限」の英訳としてpowerも挙げている（裁判所法8条「最高裁

の権限」)。たしかに，最高裁の下級審への権限は一方的なものだろう [4]。

　power は「権能」とも訳される。これは「権力」と「能力」の合成語で，やはり力の一方的行使を連想させる表現。『辞書』旧版は「国の権能」を power of the state と訳していたが，近代欧州はかつて authority（神）による保証以外にノーチェックだったこの power を法の支配の下に手懐け，責任を課して制限してきた（三権分立による権力の自律的制御）。現代法における親権や代表権にも当然，一定の責任や義務が伴う。

　日本語の「権限」「権威」「権能」等に備わる一方的な力能行使のイメージは，「権」の語源から湧出すると同時に，日本における公私異次元性（第17話参照）とも関係している。すなわち，これらはいずれも私的世界を超越した公的な力，我々私人の生活空間に彼岸から秩序をもたらす絶対的存在（「お上」）とイメージされがち。この超越的な力は我々の生活には責任を負わず，せいぜい天命に対して責任を負うのみ（その限りで，道を外さない節度が求められはする）。自ら法を創始体現はするが，それ自身が法に服することはない（一種の超法規的存在）。こうした公的な力を法に服させるのが古代ローマ以来の欧州の伝統だった。この意味での法の支配が日本に定着するのはやはり容易ではない。

### 注

1)　modus は秤や物指し，その一めもり，めもりによって測られた量，測定の及ぶ範囲・その限界，転じて動作のあり方や形態，様態，種類など，たいへんに広範囲に及ぶ意味を持つラテン語の頻用語彙。ここでは，動作行為の様態を指す。すなわち，titulus のみならず，引渡という動作行為（modus）が発生することで所有権が取得される，ということ。

2)　『辞書』現行版ではこれ以外に ex officio（ある官職に当然にある権

限の場合），sua sponte という表現が並んでいる。いずれもローマ法
用語（ラテン語）で，前者は現代の大陸法・英米法いずれでも用いら
れる（officium については第4話参照，この語はローマ社会では「官
職」よりずっと広い範囲の義務を指した）後者は「彼の随意により」
「単独で」が原意，現代では英米法用語で「自発的に」の意。spons
は「意志」のこと，spontaneity（自発性）や sponsor（スポンサー）
の語幹をなす。動詞形 spondere については第3話の注を参照。

3)　もちろん，家長には当時の社会通念に照らして「よき家父」である
ことが期待されはした。この点については第5話参照。

4)　『辞書』はこれ以外に「権限」の訳語として jurisdiction を挙げてい
る（裁判所法25条「裁判所の権限」）。こちらは裁判所の職権である
判決を指す。

第話

# 免　　　除

　人間は様々な社会的・物理的拘束を受けている。未成年時には親権者から多くの縛りをかけられ，成人後も他者との諸々の約束事に縛られ，国家権力からも各種の義務を課される。また，自然の理である生老病死に抗うことはできず，高所から手をばたつかせて飛び降りても鳥のように舞い上がることはできない。

　こうした拘束に対して人々は意識的に克服するよう努めてきた。物理的拘束は科学技術を進歩させることで最小化される方向にある。病に打ち勝つ医薬品や治療法を開発することで我々の寿命は伸び，飛行機等を発明して大空を飛ぶことで我々の行動範囲は広がる。社会的拘束もできる限り除去されてきた。

　英語で「拘束からの解放」は free（ゲルマン語由来），liberate（ラテン語由来），emancipate（同）等。いずれの語にも解放を肯定視する価値観が歴史の中で染み付いている。ラテン語で liber は自由市民，emancipare は子や奴隷を家長（主）の手中から解放すること。古代ローマと比べると現代社会の自由民が持つ物理的・社会的な選択肢の幅は格段に広がっている。

　他方，社会的拘束からの完全な解放は人々をホッブズ的な自然状

態に陥れかねず，不合理である。最低限の社会的拘束（これが具体的に何であるかは異論の多いところだが）は法的に正当かつ必要であり，人はこうした拘束から当然，解放されない。ただし，相応の理由があれば免除はされ得る。『法令用語日英標準対訳辞書』は「免除する」を release, exempt, waive, exculpate, remit, immunize と訳し分け，使い分け基準を記している。

release の使い分け基準は「債務の免除」となっている。祖語はラテン語 relaxare，この語はきつく縛られた状態を弛緩させ楽にすること一般を指し（英 relax の祖語でもある），法律用語ではなかった[1]。これが仏語経由で中世英語圏に入ると，「ある人を苦しめている債務の縛りを緩め，楽にしてやる（軽減・免除）」という法的文脈で使われるようになった。すなわち，債権者が権利放棄し債務を免除する，ということ。英米法ではこの旨の当事者間の契約形態一般が release と呼ばれる（物権を release する場合は「相手方に権利譲渡する」という意味になる）。

exempt の使い分け基準は「義務者からその他の義務を免除」。祖語はラテン語 eximere[2]（「取り除く」）の過去分詞 exemptum。原意は「除外された」，英語では「（義務等から）免除された」という形容詞，「免除する」という動詞が使われる。release のように権利放棄・義務免除という私人間の関係ではなく，公権力による義務づけ免除の文脈で用いられる。たとえば免税（tax exemption）は納税義務の免除，またホワイトカラー・エグゼンプションは企業の労働者保護義務（労働時間制限）が一部対象（管理職等）について免除されること。公権力は納税や労働者保護を正当な社会的拘束として義務づけるが，別の正当な理由で例外的に義務を免除することがある。この免除は私法的な権利放棄とは別次元の問題。『辞書』は exemption を「免責」とも訳すが，これも公権力が（当事者が負うべき）法的責任を例

外的に免除する，の意。なお，white-collar exemption という表現には「企業を義務から免除」と並んで「管理職等を除外する」という exempt の原義も混在する。

　waive の使い分け基準は「権利者からのその他の義務の免除」。祖語はゲルマン語で原義は「振り払う」「見捨てる」（名詞形は waiver）。自分の権利や所有物，他者からの申し出や命令など，自分に関係するものごと一切を捨て去る，の謂。英米法では権利の任意放棄一般を指して広く用いられる（プロ野球のウェーバー公示等）。一方の権利放棄により他方の義務が免除される場合には，release と同様に「免除」を意味することになる。例えば WTO は加盟国に貿易自由化を義務づけるが，各国が自由化を留保する権利（保護主義）も許容する。この留保権の許容，すなわち加盟国に対する義務免除も waiver と呼ばれる。

　exculpate の使い分け基準は「刑の免除」。祖語は中世ラテン語 exculpare，原義は「罪（culpa）から解き放つ（ex）」が原意。公権力が正当な理由に基づき刑罰を減免することを指すが，これはもちろん例外的対応である。刑罰は社会秩序の維持安定や犯罪者更生のために必要であり，公権力が刑罰権を放棄することはありえない。

　remit の使い分け基準は「刑罰・支払などの執行の免除」。祖語は仏語 remettre，更に遡るとラテン語 remittere。re（繰り返し，強調を表す）が mittere（「置く」）についた形で，「戻す」「やり直す」「緩める」などと意味が広がる。「免除」という意味は，私人や公権力が決定をやり直す（相手方の義務を軽くする方向で），という文脈から派生する。その際，自らの権利を放棄する，というニュアンスは皆無である。

　immunize の使い分け基準は「外交上の免除や刑事免責」。祖語はラテン語 immunis（「税金を免除された」）。否定辞 in が mun（壁，第4

話参照）についた形で,「（ローマという都市国家の）城壁内部にいない」「城壁を共有する同朋でない」「共同体に属さない」と意味が広がる。公権力の及ぶ範囲を対象者が逸脱・超越している,それゆえ公権力が対象者を例外扱いする,ということを指す語である。現代では外交官特権や免疫（医学用語）という文脈で用いられることが多い。この語も私法的な権利放棄とは無縁な表現である。

　以上のうち4つの動詞では公権力が免除する主体となる。国民主権下では,社会的拘束とその例外的免除の合理性について,各市民が自分の責任で判断せねばならない。「免」の原義は離れること,「除」とは祓い清めること。「免除」という漢語は奈良時代の日本で作られたらしい（『続日本紀』に用例あり）。庸調等を納入できない地域があると,これを八百万の神々に仕える公権力が義務対象から分離して祓い清め,神々に未納の申し開きをする,という意味で用いられた。ここでは,免除する主体は公権力が媒介する神々なのだろう。日本における公私異次元性（第17話参照）に何度も言及したが,「免除」にもこれが見て取れる。和語で「免除」は「まぬかれる」,これは被免除者である私人の目線で見た語（「不利な目に遭わずに済む」の意,英語の escape や avoid に相当）。多くの日本人は免除を受けると喜ぶが,免除主体の立場に立ってその合理性を吟味し,法の支配下に置くのは苦手。不合理な免除の乱発は抑止され難く,千兆円を超える国債累積の一因にもなっている。この大借金は残念ながら法の支配が日本に未定着であることの証拠でもあるのだろう。

<br>

#### 注

1)　元になっているのは形容詞 laxus（広い,緩やかな,弛緩した）。
2)　動詞 emere（取る,勝ち得る）に奪取を表す接頭辞 ex がついた形。

# 原因と根拠

　弁護士はクライアントの言い分を聞いて訴訟物（StG），請求趣旨（Ant），請求原因（Kg）を訴状にまとめる。略語はいずれも独語で，ドイツ法の日本法に対する強い影響力を示している。Kg は Klagegrund の略語だが，「請求原因」中の「原因」はボアソナードが導入した仏民法概念 cause の翻訳語である。

　この概念はローマ法の causa に由来。ローマでは古来，causa は訴訟，とりわけ原告側の訴えの根拠（となる事実）を指す法律用語であった[1]。原告が正当な causa を持ち出すなら勝訴，そうでなければ敗訴となる。原告は正当性を裁判官に認めてもらうべく，causa を正確に敷衍しようとする。十二表法の時代，ローマの裁判は神官が一定の様式に従って司る儀式であったが，こうした論理性重視は当時からの伝統である。

　この時代のローマは東方のギリシアと比べると文化後進地。ギリシアでは昔から自然探求が盛んで，自然界を支配する法則性の探究はプラトンやアリストテレスの哲学を生み出した。アリストテレスは自然界が動きに満ちていることに着目し，動きを結果させている原因（ギリシア語で aitia）すなわち因果関係を探求した。また，スト

ア派は法律も人間の自然本性を支配する法則性の一種であると考えた（自然法思想）。こうした考え方がローマに導入され，causa が aitia の訳語に充てられた。これにより，ローマ的な根拠（causa）とギリシア的な原因（aitia）が融合。つまり，根拠から結論が出てくる，という理由の流れが，原因があれば自然必然性を伴って契約や債務が結果する，という因果の流れと一体化される。この一体化は自然法思想を体現するローマ法大全（ギリシアに本拠を移した東ローマ帝国で完成）に集大成される。

　原因と根拠の融合物となった causa は中世以降，欧州各国の民法に継受される。この時代，法学者たちは債務の根拠である causa をアリストテレスの原因説を援用しつつ精緻化した。今日の一般的理解からすると，この援用はおかしな話である。というのも，原因と根拠は別物だからである。原因は因果関係の起点であり，因果関係は必然的な事実。世界は無数の因果関係で満ちており，人間に未発見の因果関係も数多あるだろう。他方，根拠（英 reason，仏 raison）は主張を裏付けるために人が自由に持ち出す理由のことで，主張する本人に未知の根拠など普通あり得ない。また，根拠は結論導出の起点（三段論法が典型）であり，結論導出は演繹であれば必然的だが，推測にとどまるならせいぜい説得的，合理的であるにすぎない（蓋然性が残る）。

　こうした今日的理解が確立されたのは近代末期。reason の祖語は仏語 raison，そのまた祖語はラテン語 ratio[2) で，これはギリシア語 logos の訳語として古代ローマで用いられた語である。logos（ratio）は数えること，および数で表現できる秩序を広く指し，「割合」「比例」「法則性」「合理性」「根拠」と意味が広がる。古代ギリシアでは森羅万象を生み出す根拠，宇宙が従う法則性，そしてこれを写し取り理解する人間理性を logos と呼んだが，近世になると ratio

第23話　原因と根拠　*121*

(reason) は宇宙そのものから切り離され，人間の思考の合理性を主に指すようになった。他方，アリストテレスの原因説はガリレオやデカルトらが推し進めた自然学革命により次第に駆逐され，機械論的な原因が単一的に全自然現象を支配しているというビジョン（現代科学に通じる）に置きかえられた。

19世紀になると機械論的な自然科学と法律学との断絶は決定的となり，自然法思想は衰退する。現代フランス人は民法上の cause が近代科学的な原因概念とは異なる概念だと考えている。しかるに，明治の日本人はこの語を「原因」と訳した。ローマ法的 causa の原意を活かすには「根拠」と訳すほうがよかったのかもしれない（例えば「請求原因」でなく「請求根拠」）が，ローマ法大全の自然法精神を再現したいのなら「原因」のままでもよいのだろう。ドイツ語圏は前者の道を選んで Grund（英 ground,「拠って立つ土台」「地盤」転じて「根拠」）と訳し，「請求原因」は冒頭紹介したように Klagegrund（訴えの根拠）と表現された。なお，Grund は ratio のドイツ語訳でもある。

ローマ法の causa は仏語経由で中世の英語に入り，英米法用語にもなった。「請求原因」に相当する英語表現は cause of action。これを『法令用語日英標準対訳辞書』は「請求を理由づける事実」（民訴規則53条1項）の訳語に充て，「請求原因」（民訴133条2項2号，245条）の英訳には statement of claim を充てている。英米法では訴状自体が statement of claim と呼ばれるので，実務的には適訳だろう。

また，英米法上の概念 probable cause もローマ法的 causa の系譜にある。刑事手続で逮捕等を行うには，被疑者に一定の犯罪行為があったことをうかがわせる probable cause（蓋然性の高い根拠）が必要，という文脈で使われる。戦後，刑事訴訟法が米国流に改正さ

れた後，その60条等に「相当の理由」との訳語で導入されている。

　「不法原因給付」における「原因」もローマ法的 causa の継受概念だが，『辞書』はこれを一時，performance for illegal (unlawful) reasons と訳していた。causa の原意が reason に近いという限りでは適訳だろうが，causa と reason は同一概念ではない。後者は法律用語でなく，上述のように「理性」「合理性」を意味するより包括的な概念。さらに，この訳では「不法原因」の概念史が英語で適切に表現されない。「正当原因 (iusta causa)」がそのまま英米法用語と化している (just cause,『辞書』は「正当な事由」と訳) ことを考慮すると，旧版『辞書』の訳には疑問が残る。現行版の訳 (performance for illegal cause) に変更されたのには理がある。ただ，いずれにせよ「あちら立てればこちら立たず」であるのに変わりはない。ローマ法的 causa を現代語で翻訳再現するのは難しい。

　『辞書』は reason 系の語をさまざまな日本の法律用語に対応づけている。民事法用語の「相当」は元来，仏語 adéquat (「ぴったりの」が原意[3]，法的文脈では「適切な」の意) の翻訳語で，『辞書』はこれを踏襲して「相当の理由」を adequate grounds と訳すが，「相当の期間」の英訳では一転，reasonable を充てている (reasonable period of time)[4]。同じく民事的文脈の「不当」(第18話参照) にも unreasonable が充てられる (「不当な取引制限」は unreasonable restraint of trade)。いずれも reason の原意「合理的」を活かしており，日本法の概念史でなく内実を外国人に理解してもらう限りでは，適訳だといえよう。

### 注

1)　語源は不明だが，Oxford Latin Dictionary は「おそらく cudere (打つ，叩く) と関係する」と記している。ラテン語 accusare (「非難する」「告訴する」，英 accuse) は causa が語根で，これに ad (批難

第 23 話　原因と根拠　*123*

　　対象を明示する接頭辞）がついた形。

2)　reor（「（考えや想像を）抱く」の完了分詞からできた名詞で，「（抱
　　かれた）考え」が原義だが，記録に残っている用例では数や言葉を用
　　いた人間の理性的営みを広く指す語である（「計算」「熟慮」「論証」
　　「説得」など）。

3)　　元はラテン語動詞 adaequare（等しくする）の過去分詞形
　　adaequatum。この動詞は aequare（水平面，転じて平等を意味する
　　名詞 aequum の動詞形，「同じにする」）に対象明示の接頭辞 ad がつ
　　いた形。

4)　　民法 29 条「相当の担保」も reasonable security と訳されている。
　　なお，労働基準法 84 条「災害補償に相当する給付」は payments
　　equivalent to accident compensation と訳されている。

第24話

# 危害・侵害・損害

「害」は丰(大きな針)で効能を妨げて損なう,傷つける,を意味する会意文字。法律用語には「危害」「侵害」「損害」など,「害」で終わる熟語が多数ある。これらは古来漢籍に用例があり,特に法律用語ではなかった。明治の翻訳語新造に多大な影響を与えたロプシャイト『英華字典』(1866-69) は damage に「損害」「傷害」「加害」,harm に「害」「加害」「損害」「傷害」,injure に「害」「損害」「傷害」「侵害」,prejudice に「害」などを充てた。これら訳語はボアソナードの日本法整備に際して利用され,ドイツ流法典への置き換え後も使われ続けた。総じて,「害」で終わる法律用語は仏独法の含意がある。

『法令用語日英標準対訳辞書』は「害する」を harm, prejudice, damage の三語に訳し分ける。harm はゲルマン語起源,原意は人に対する物理的・心理的な痛めつけ。外傷を与えるのみならず,所有物奪取や侮辱,名誉棄損なども harm であった。『辞書』は「個人の権利利益を害する」の意としているが,このような抽象的な理解は近代に定着したもの。典型例は19世紀のミル『自由論』にある有名な harm to others(他者危害)という表現。同書は他者危害

原則（国が制限してよい個人の自由は他者危害行為に限る）を初めて提唱したことで知られる。

　名詞形の harm を『辞書』は「被害」と訳すが，旧版では「危害」とも訳していた（現行版では「危害」という見出し語そのものが削除）。「危害」は「危うく有害な」の謂（『楽易』の反対語）で『荀子』に用例あり。ボアソナードの仏刑法講義では attentat（襲撃）の訳語に充てられた。帝政期の仏刑法には皇帝襲撃およびその予備を罰する条文があり，これが明治 13 年刑法に大逆罪として取り入れられ，明治 40 年刑法にも引き継がれた。attentat の祖語はラテン語 attentatum，これは動詞 attentare（attemptare の異形，「試す」「手をかける」）の過去分詞形で「手をかけた状態」が原意。英米法で「未遂」を意味する attempt も同系の語だが，仏語 attentat は襲撃の既遂（危害が個別的事実として発生したこと）を指す。

　prejudice は『辞書』で「権利を害する」の意とされる。祖語はラテン語 praeiudicare, これは prae（前以て）が iudicare（判決する）[1]に付された語。ローマ法では予審，より一般的な文脈では予断や先入見を意味した。一方当事者の予断は，概して反対当事者に不利益を生じさせ，その権利を侵害する。「権利を害する」とはこの文脈を指す。民法 116 条「第三者の権利を害することはできない」の英訳（暫定版）は “no right of a third party may be prejudiced” となっているが，これは「予断により第三者の権利を害する結果を生じせしめてはならない」という趣旨である。

　名詞形の prejudice は「予断」以外にしばしば「侵害」と訳される。「侵害」は『韓非子』に用例があり，「他者を押しのけて害する」の謂。ロプシャイトは injure の訳語に充てた。祖語はラテン語 iniuria, ius（法，正義，権利）に否定辞 in がついた形で，法や正義に反した状態一般を指す。より具体的には，人や物への物理的損傷や名誉棄

損，感情を害するなど，ゲルマン語における harm と同様の意味の広がりがある。ただし，現代英語では人への物理的損傷という意味で用いられることが多く，『辞書』は injury の訳語に「侵害」でなくむしろ「傷害」を充てている。「傷害」はもっぱら人体に対する損傷を指し，やはり『韓非子』に用例がある。明治 13 年刑法で仏語 blessure，明治 40 年刑法で独語 Körperverletzung の翻訳語に充てられた。

「侵害」はボアソナードの法整備でさほど使われなかったが，後のドイツ流法整備で一転さまざまな独語概念の訳語と化した。不法行為の要件たる「侵害」は Verletzung（「傷つける」），侵害利得における「侵害」は Eingriff，刑法 53 条「急迫不正の侵害」の「侵害」は Angriff。Griff は英語の grasp（つかむ）に相当，Angriff は「つかみかかる」，Eingriff は「つかんで我がものとする」が原意。なお，『辞書』現行版は「侵害」の英訳に infringe（名詞形 infringement）のみを充てている。これは法律違反・権利侵害を広く指す語。祖語は中世ラテン語 infrangere（frangere「破る」「壊す」に前置辞 in「中へ」がついた形），一線を越えて相手の領分を侵すということ。

damage は『辞書』で「秩序・信用を害する」の意とされるが，実生活では建物や農作物など物を「害する」際にも使われる。名詞形の damage は「損害」「損壊」と訳される。祖語は仏語 dommage，さらに遡るとラテン語の動詞 damnare（ローマ法用語で被告に「有罪判決する」，より一般的文脈で「非難する」）の過去分詞 damnatum（非難されるべきこと）。元になった名詞は damnus（物理的・金銭的欠損，あるいはその補償）。欠損を発生させた原因者は，それを埋め合わせるべく裁きを受ける。法と正義（ius）がそれを要求する。ローマ人にとって，欠損とその補償（額）は天秤で釣り合った状態にあり，意味的に同じものであった。現代英語の

damage もこれを踏襲し，「損害」と「損害賠償（額）」いずれもの意味になる。damnus（damage）は単なる損害ではなく，法の支配に服し補償されるべき損害のこと（第8話参照）。つまり，害を巡る加害者と被害者の法的関係全体を指す語である（第1話の obligatio，第2話の creditum や benefit 等と同様）。

他方，「損害」は『春秋左子伝』に用例あり，物を壊して傷つけること（単なる損害）を指す。ボアソナードの法整備で dommage の訳語にされたが，上述した原語の含意を伝え切れているかといえば疑わしい。「仏作って魂入れず」ではないが，翻訳語を作っても原語の含意をトータルに再現するのは難しい（欧州的な法の支配が日本の日常生活になかなか定着しないことと軌を一にする）。「損害」は明治29年民法で独語 Schade（ゲルマン語で「傷」「欠損」「不正」の意）の訳語となったが，Schade も damnus 同様，単なる欠損ではなく，法の支配に服して埋め合わされるべき欠損のこと。ローマ人もゲルマン人も，欠損を生み出す人間わざはすべて（個々人の意思に関わらず）法の支配の下にある，という強い確信を昔から持っており，それが原語の語彙上にも表現されている。

なお，「害」で終わる法律用語としてほかに「阻害」「妨害」「障害」があるが，これらは本来，「害」でなく「碍（礙）」と書く語。「礙」は石に妨げられて進めないことを示す（「碍」は略字）。「障害者」でなく「障碍者」と表記せよ，と叫ばれて久しいが，魂の入っていない仏となりがちな漢語表現に日本人が無頓着なのは仕方ないのかもしれない。

注

1) ius（法，権利，正しさ）に dicere（口に出す，言う）がついた形。
　　直訳すると「正しいことを言う」。

# 第25話 詐害行為

　「詐害」は旧民法整備時に新造された仏語 fraude の翻訳語（旧民法財産編341条等）。祖語のラテン語 fraus は「欺くこと」「（欺いた側が負う）責任」「（欺かれた側が受ける）不利益」と意味が広がる。詐害は加害者と被害者を必然的に伴い，害である以上，法が正さねばならない。fraus は単なる「詐害」ではなく，法が正すべき加害者・被害者間の関係全体を指す。この関係に立つ被害者側の損害，加害者側の責任はどちらも fraus であることになる（第1話の obligatio，第24話の damnus 参照）。欧州語の語彙は，多くがこのように法の支配を含意する。こうした言語を用いる思考と生活に法の支配が根ざすのは当然といえよう。他方，「詐害」という翻訳語は単独でこの含意を再現しきれない。法の支配が日本で根付きにくい一因はここにある。

　「詐害行為」も仏語 acte frauduleux の直訳。詐害行為取消権は旧民法で「廃罷（はいひ）訴権」と称された。「廃罷」は「捨て去りやめる」の意で『宋書』に用例があり，明治期に法律用語の翻訳語となったが，間もなく「取消」で代替され廃語化した（同様の運命をたどった語に「銷除（しょうじょ）」がある）。原語は action révocatoire（直

訳すると「呼び戻し訴権」）で，ボアソナードが好んだ用語。仏民法では action paulienne（パウリアーナ訴権，パウルス訴権）と呼ばれる。ラテン語の祖型は actio Pauliana，債務者の詐害行為から身を守るためにローマ法大全（『学説彙纂』）が債権者に認めた訴権で，紀元 1 世紀のローマ法学者パウルス（Paulus）に由来するとされる。

　actio は英語 action の祖語で，動詞 agere（行う，行為する）の名詞形。演劇の登場人物と法的人格はラテン語でいずれも persona という。その語源はギリシア語 prosopon（「面」「おもて」）。古代ギリシアでは神に捧げるための仮面劇が発達し，これがローマ演劇にも大きな影響を与えた。ローマ人たちにとって，裁判と演劇は persona がさまざまな行為（actio）を繰り広げる儀式という点で同じ性格のものであり，訴訟はいわば原告という登場人物の行為 actio（あるいは legis actio,「法に基づく行為」）がきっかけで発生する寸劇であった。actio には多くの決められた筋道（方式，手続）があり，そのどれかに従わないと訴訟として認められない。actio の方式種別は時代とともに増え，最盛期には細分すると数十もあった。ローマ法の影響下にあるフランスでは今もさまざまな訴権が生きている。

　ローマ法では古来，借財を返済しない（できない）債務者は債権者により監禁され，奴隷にされるか殺害されるならわしであった。共和政期になると監禁よりも財産処分に力点が置かれるようになり，債権者が複数ならば破産管財人がその任にあたるようになった。だが，債務者が支払不能に陥る直前に財産を第三者に譲渡してしまうと，この財産は債権者に配当できない。パウルスの時代，こうした財産譲渡が不当なら，債権者（破産管財人）が譲渡を受けた第三者を訴え，法務官が譲渡を取り消し（rescindere）財産を強制的に呼び戻す（revocare）命令，すなわち原状回復命令を出すことが可能になった。これがパウルス訴権の原型。

パウルス訴権は西欧各国に受け継がれ，近世になると破産法上の否認権と，民法上の詐害行為取消権とに分離する。フランスで「パウルス訴権」はもっぱら後者の呼称となった。仏民法1167条は，債務者が債務を返済できない状態にあり，詐害行為（債務者から受益者への財産譲渡）が存在し，かつその詐害性を債務者が知っていたならば，債権者は詐害行為を攻撃し財産を受益者から取り戻せる，と規定する。詐害行為は遡及的無効なのか，いったん有効に成立したが取り消されるのか，などについては学説が分かれる。

他方，英国にはローマ法の影響が薄く，パウルス訴権の継受もなかった。しかし，詐害行為は英国でも当然発生しており（昔は債務を負った農民が家畜を第三者に譲渡して債権者への返済を免れるケースが頻発したらしい），これを取り消す必要性は早くから認識されていた。1571年にはFraudulent Conveyances Actが制定され，詐害行為は無効（void）と規定された。英語圏では経験論の伝統が強く，第三者の目から見て行為者について確実に分かるのはその外面的行動だけであり，行為者の内面性に立ち入って故意があったか否かを直接証拠立てることはできない，との考え方が強い。詐害行為については，badges of fraud（詐害の徴憑）と総称される状況証拠（例えば，債務者が第三者への財産譲渡後に破産した，債務者と受益第三者との間に契約約因が欠如あるいは不完全，両者が家族・親族である，譲渡後も債務者が財物の使用・収益を継続している，など）を示すことができれば無効とされている。

『法令用語日英標準対訳辞書』は詐害行為取消権をright to demand rescission of fraudulent actと訳すが，上記の大陸法と英米法の違いを踏まえて訳さないと誤解の元。『辞書』旧版はrescissionでなくavoidanceを充てたこともあった（第14話参照）。詐害行為がvoidである英語圏に発信するにはavoidanceがベター

と思われるかもしれないが，フランス法の影響を受けて無効説，取消説，さらに折衷説まである日本法の訳語としては誤解を引き起こしかねない。このあたりをぼやかして表現できる rescission のほうがベター，と『辞書』編纂者は判断したことになる。

　パウルス訴権はドイツ語圏の民法にも継受されスイス等に今も残るが，ビスマルクによる統一ドイツは民法とは別に破産外取消法を制定し，パウルス訴権を廃した。破産外取消法によれば，債務者の詐害行為は債権者が取消権を行使すると無効となり，受益者は強制執行により財物の返還を迫られる。パウルス訴権と同様の効果が得られることになる。

　なお，ローマ法の原状回復（restitutio in integrum）命令はパウルス訴権に限定されない。restitutio は statuere（立てる）に re（もう一度）が前置された形，integrum は人手が加わる前の原初状態，初期状態のこと。原状回復は強迫による契約，錯誤による契約，25 歳未満の未成年者の契約など，さまざまな場面で命令された。ローマ法を継受した国々でも同様で，フランス民法は動詞 restituter を現物返還や債権の取消・無効を広く指す用語として使っている。restitution という語は英国にも 14 世紀に導入されたが，不当利得返還の文脈で根を下ろすにとどまった。コモンローにおける不当利得法は契約法や不法行為法と比べて長らく影が薄く，restitution の意味も曖昧なままだったが，20 世紀になると米国主導で補償と並ぶ権利回復法として確立された。

# 第26話

# 不 当 利 得

「利得」は漢代から「儲け」の意で用例があるが、「不当利得」は
ボアソナードの法整備で仏語 enrichissement indû に充てられた新
造翻訳語。旧民法財産編 361 条には「原因ナキ利得」という表現も
あり、こちらは enrichissement sans cause の直訳。もともと「不
当利得」という概念はフランス法、その淵源であるローマ法には存
在せず、仏民法は不当利得を直接規定する条文を持たなかった。こ
の概念の生みの親は 19 世紀初頭のドイツ人ローマ法学者サヴィ
ニーで、独語 ungerechtfertigte Bereicherung がこれに当たる。そ
の影響が 19 世紀後半にフランスにも及び、ボアソナードはこうし
た流れの中で日本民法に不当利得の規定を入れようとした。

　概念はなくても、不当利得についてのルールはローマ法に存在し
た。condictio と呼ばれる一群の対人訴権がそれである。これは
actio（英 action の祖語、第 25 話参照）と違い、正当な原因なく相手方
が利得した特定金品の返還を求める訴権の総称。盗品、強迫されて
引き渡した金品、贈与したが後にそれを取り消した金品、代金支払
い後に対価が引き渡されない場合の支払い済み代金、などに対する
condictio がランダムに認められていた。語形は condicere（「相手に

知らせる」「相手と取り決める」，con は「共に」，dicere は「発言する」）の名詞形で，「訴え出て被告に知らせる」という意味で訴権を指す語になった。ちなみに，condicio（「約束」「同意」）という別形の名詞もあり，これは英 condition の祖語である。

ローマ法はすべての condictio に通底する一般則を求めなかった（今様に言えば特殊不当利得の羅列）。近代民法典の編纂にあたり，フランスとドイツでは対応が分かれた。フランスでは 18 世紀，ポティエの考えに沿って condictio を準契約とみなし，ナポレオン民法は condictio indebiti（引渡し後に契約の無効が分かって返還を求める訴権）を 1376 条以下に規定，それ以外の condictio を 1374 条の事務管理に包摂した。他方，サヴィニーは 2 世紀のローマ法学者ポンポニウスの衡平説（誰であれ他人に不当な損失を負わせて利得するのは衡平に反する）を頼りに condictio の一般原則を追求した。1896 年独民法 812 条 1 項（他人の給付を通して何かを法的根拠なく取得した者は返還する義務を負う，と規定）はこの延長線上にある。

この条項には給付概念（Leistung）が含まれるが，これは 19 世紀ドイツ法学が履行から区別して抽象概念化し（第 2 話参照），不当利得法に転用したもの。仏民法の「給付（prestation）」はこのような抽象概念でなく，ボアソナード等がこの面でドイツの影響を受けることはなかった。そのため，旧民法財産編 361 条は一般不当利得を給付概念なしで規定した（「正当ナ原因ナクシテ他人ノ財産ニツキ利ヲ得タル者ハソノ利ノ取戻ヲ受ク」）。明治 29 年民法で「法律上ノ原因ナク他人ノ財産又ハ労務ニヨリ利益ヲ受ケ… タル者ハ… 返還スル義務ヲ負フ」（703 条）と変更されたが，これは内容的に旧民法と大差なく，やはり給付概念は使われていない。しかし，この条文の解釈はその後，給付概念を重視するドイツ民法学の強い影響を受けることになる。

フランス司法が不当利得を事務管理とは別の準契約として認めたのは19世紀末だが，その要件（一方の利得，他方の損失，両者の間の因果関係，利得に正当な原因がない，の4点）に給付概念は含まれない。また，20世紀になるとドイツでも非給付利得（侵害利得など）が注目され，812条1項は給付利得と称されるようになった。この流れは一般不当利得よりも特殊不当利得の諸類型を求める潮流（類型説）となり，日本にも受容された。

英国はローマ法の影響が薄いが，actioという語は導入された（action，すなわちコモンロー上の訴訟提起）。ローマ法と同様，コモンローでも訴訟は一定の方式に則って進められる儀式であり，かつてはその方式（forms of action）を踏み外すと訴訟は受け付けてもらえなかった。土地所有権の主張や占有回復，動産返還などさまざまなactionが認められていたが，中でもaction of debtがcondictioに相当する使われ方をした。元来は貸金の返還請求訴訟だが，契約対価が取得できないときに支払金の返還を求める際もこのactioが使われた。

コモンローでは当初，捺印証書（deed）による契約（covenant）違反なら訴訟ができたが，deedのない単純契約（simple contract）違反は訴訟ができなかった。単純契約違反に対する訴訟方式として16世紀にaction of assumpsitが認められるようになった。この語はラテン語の動詞assumere（手に取る，着手する。英assumeの祖語）の直接法完了時制三人称単数形，「彼／彼女は着手してしまった」の意。つまり，契約を引き受けてしまったのに契約を果たしていない，損害が発生した，だから賠償せよ，という訴訟（「引受訴訟」と訳される）。単純契約成立には約因（consideration）が必要，という判例が示されたのもこの頃である。

assumpsitは17世紀以降，単純契約違反の外にも利用されるよう

になる。被告に預託した私の金（money had and received）を返せ，無効な契約に基づいて引き渡した物（quantum valebat）を返せ，無効な契約に基づいて作ってやった工作物（quantum meruit）を返せ，等々。いわば特殊不当利得で，ローマ法同様，すべてに通底する一般原理は求められなかった。他方，大陸法のように正当原因の欠如を証明すれば不当利得が回復できるわけではない。事実の錯誤，法律の錯誤，強迫，約因の欠如等（いずれも判例でランダムに認められてきた要件）に該当する事実があることを積極的に証明せねばならなかった。

このほか，18世紀にはエクイティの擬制信託による不当利得救済も可能となった（受益者を信託財産の受託者に擬制し，その財産の返還を命ずるもの）。unjust enrichment という概念ができたのはフランス同様, 19世紀のことである。この頃に forms of action は廃止され，訴訟は cause of action（訴因）があれば起こせるようになったが，英語圏で不当利得が契約や不法行為と並ぶ独立した訴因として認められたのは20世紀（1937年の米国法律協会による Restatement of the Law of Restitution の影響が大きい。その第1条は「他人の費用を用いて不当利得した者はその他人に原状回復する義務を負う」と規定），英国に至っては1991年だった。

なお独 reich，仏 riche，英 rich の祖語はゲルマン語 rik（「力が溢れる」「権勢がある」）で，これはラテン語 regnus（「王」）と同根。正当・不当を問わず，かつて利得は権力者を象徴する行為だったということである。

# 倒産と破産

　「破産」は『史記』に用例があり，個人が財産を失うこと。明治初期に英 bankrupt 等の訳語に充てられ，旧商法制定（1890年）後は個人・企業を問わず債務者の弁済不能状態を指す法律用語となった。それ以前は江戸期以来の身代限（しんだいかぎり）という制度があった。「倒産」は元来，逆子状態の出産の意。明治期に会社の経営破綻を指す語に転用されたが，法律用語ではなく俗語だった。現在は「倒産法」といえば個人や企業の経済破綻後の再生・清算を規律する法制度の総称で，「破産法」はそのうちの清算型の法制度である。

　日本最初の倒産法である旧商法第三編（破産編）はドイツ人学者ロェスレル（Roesler, このカタカナ表記はゲーテを「ギョエテ」と表記した明治時代のもので，実際の発音は「レスラー」）の起草だが，1807年制定の仏商法典（破産法部分は1839年大改正）が模範となった。旧商法中で「破産」は仏 faillite の訳語に充てられた。祖語はイタリア語の動詞 fallire（失敗する）の過去分詞形 fallito（失敗した状態）。ラテン語の祖形は fallere（欺く），その過去分詞形は falsum（欺かれた，英 false の祖語）。この語形は，破産が債権者を欺く悪しき行為である，

という含意を持つ。

　仏商法典は民事的な破産手続のほか，犯罪としての破産（banqueroute）を規定している。旧商法第三編もこれを踏襲，「有罪破産」と訳した。破産はローマ法で債権者に対する債務者の危害行為とみなされ私的制裁の対象だったが（第23話参照），近代法では国家による刑罰の対象となり，破産者は債務者監獄に収監された。banqueroute（英語形は bankrupt）はイタリア語の banca rotta（壊された机）が祖形。中世イタリアの高利貸し（多くは個人業者）が行き詰り支払不能となると自分の業務机をたたき壊したことに由来する。

　19世紀末当時，仏破産法は独英米等と比べて破産者の処罰に強い力点を置いていた。明治政府は悪意の破産者の逃げ得が許される社会風潮の蔓延を危惧し，あえて仏法を模範とした。仏商法典は商人破産主義をとり，個人破産（déconfiture，原意は「ぶち壊し」「打ちのめし」）は民法で対応したため，旧商法破産編も商人の破産のみを扱い，個人破産は家資分散法という別の法律で対処することになった（裁判所から家資分散者の宣告を受け，公示のうえ，選挙権・被選挙権等を喪失，悪質な場合は重禁錮刑に処せられた）。

　旧商法破産編は1899年のドイツ流商法への置き換え後もそのまま残ったが，1922年の破産法制定により家資分散法とともに廃止された。この際に模範とされたのは，1877年制定のドイツ破産法（Konkursordnung）。ドイツ法は一般破産主義に立ち，仏法同様に詐欺破産罪（Bankrott）を規定していたが，力点は破産財団の公正な保全・処分・配当にあった。Konkurs はラテン語 concursus（cursus「走る」に前置辞 con「一緒に」がついた形。「競争」の意）が祖形で，債権者が一斉に競走して破産財団中の自分の取り分確保に走る，という文脈で破産を意味する。ドイツ破産法はドイツ再統一後の1999年改正で Insolvenzordnung となり，Konkurs は法律用語として廃

止された（日常語としては残る）。

Insolvenz の祖語はラテン語 insolvens（否定辞 in が動詞 solvere の現在分詞 solvens に付加された形）。solvere は英 solve の祖語，「（物理的・社会的な拘束や縛り，もつれを）解く」「緩和する」が原義で，「自分自身を債務から解きほぐす」つまり「支払う」の意にもなる。この語にも damnus や fraus 同様，法の支配が含意されている（和語の「解く」にそうした含意はない）。insolvens は単なる「支払不能状態」ではなく，法が正すべき誤った状態のこと。ローマ時代は会社がまだ存在せず（組合しかなかった），商人・非商人の区別もなく，破産するのはもっぱら自然人。その奴隷化・殺害により法は破産状態を正した。なお，独語では Pleite も「破産」の意，祖形はヘブライ語 pleta（逃げる）で，ユダヤ人商人が広めた語。日本語なら「夜逃げ」に相当，法律用語ではない。

『法令用語日英標準対訳辞書』は「倒産」（「国内倒産処理」等の文脈で）に insolvency を，「破産」に bankruptcy を充てている。insolvency は破産前の債務超過状態で，法的には再生か清算かの選択肢が開かれており，bankrupt は清算の法的宣告である。英国でもローマ法系諸国と同様，破産者は支払い完了まで免責されず，bankrupt が犯罪である時代が長く続いた。しかし，運悪く事業に失敗したような善意の破産者は気の毒である。17 世紀以降の海外進出や産業革命で経済活動が先進的に活発化した英国では，事業に手を出せば誰でも破産者となるリスクが顕在化した。実際に破産者増大が社会問題化し，18 世紀には彼らの再チャレンジを促すべく破産法に免責（discharge）制度が設けられるようになった。免責制度は新天地である米国の連邦破産法で大々的に取り入れられ，あまりに債務者有利なため債権者側の怒りを買って法律が廃止されるほどだった（1841年法は 43 年に廃止，1867 年法は 78 年に廃止）。

大陸諸国は多くが今も非免責主義をとり続けるが，破産者の地位向上はなされており，どの国も懲戒や欠格条項を緩和縮小してきた。また19世紀以降，破産リスクを減らすため有限責任という考え方が浸透し，会社組織が広く作られるようになった。会社については清算だけでなく，雇用維持や長期的に見た債務返済の可能性に賭けた事業継続（再生）がどの国でも重視されている。日本の倒産法制もこうした流れを受けて改正されてきた。仏商法典も1967年改正で差別的響きのあるfailliteを廃して，cessation de paiement（支払停止）に置き換えた。同様に米国も1978年の破産法改正でbankruptをほぼ一掃し，debtorやreliefで置き換えている（ただし「詐欺破産」はbankruptcy fraudのまま）。

昨今の破産事件は複雑で，債権者側にも責任がある場合が多い（端的には金融業者が無理な貸し込みを行う場合）。ユーロ危機も，身の丈に合わぬ支出を続けたギリシア政府にドイツ等の大銀行が貸し込み続けて発生した。借り手だけでなく，貸し手にも絶えず自重が求められる（日本国債の引き受け手は，借り手を甘やかしていないか？）。

なお，日本の破産法用語は概して仏独語の直訳だが，英語圏の破産制度も概要は似ており，英訳には困らない。ただ，日本の破産管財人は裁判所が選任する公的機関だが，英語圏では信託法上の受託者（trustee，第6話参照）。また「保全処分」の「処分」はドイツ法用語（Verfügung）の翻訳語で英訳しづらい（第28回参照）。『辞書』は「保全処分」をprovisional order（直訳すると「暫定的命令」）と訳すが，orderという訳語の選択は適切だと思われる。ただし，コモンローでいうprovisional orderは破産法の文脈に限らず，裁判所が出す暫定的な命令一般を指す点には注意が必要だろう[1]。

## 注

1) これ以外に，英国では次のような制度が provisional order と呼ばれている。すなわち，土地の強制収用を伴う国土再開発などについて，国会が個別法律を作って実施するのではなく，国会が政府機関などに調査・計画・執行の暫定命令（provisional order）を出す権限を与え，しかる後に国会で承認して正式の命令とする，という制度である。この方が経費も安上がりで合理的執行が可能になる場合が多いと判断され，特に 19 世紀末から 20 世紀前半に多用された。

# 第28話

## 処　　分

　「処（處）」は立ち止まる，立ち位置を決める，あるいは立ち止まっ
たその場所の意。「処分」は主に権力者が何かを取り決めることを
指す古来の熟語。日本では財産の帰属先を取り決める文脈でも使わ
れたが，中国では罪の有無を決める文脈が多い。清国には『處分則
例』という官吏に対する懲戒規定集があり，日本へも伝わった。こ
れに沿った用例で有名なのは明治初頭の「琉球処分」。琉球の尚泰
王に清国への朝貢を禁じ，退位と廃藩置県を迫ったのは「琉球処分
官」に任命された松田道之。つまり尚泰王を天皇の臣下とみなし懲
戒する，ということ。琉球に対する明治政府の「上から目線」が感
じられる（沖縄に対する政府の「上から目線」は最近になって始まったこ
とではない）。

　ボアソナードの法典整備で「処分」は法律用語となる。旧刑法第
1編第2章（刑例）第2節の表題は「主刑処分」，ボアソナード原文
は des peines principales で「処分」に相当する仏語はない。日本
人訳者が『處分則例』的用法を活かして付したらしい。また条文に
「行政の処分」という表現が散見される。原語は décision，動詞形
は décider で祖形はラテン（羅）語 decidere（離脱を表す接頭辞 de が

caedere「打つ」「切る」についた形,「切り離す」「結論に至る」転じて「解決する」),刑罰に限らず決定一般を指す語である。

他方,民法では「処分」が財産譲渡などを指す用語となった。フランス民法は法律行為を acte de disposition(処分行為),acte d'administration(管理行為,第5話参照),acte conservatoire(保存行為)に分類しており,これが日本に持ち込まれた。disposition の訳語に「処分」が充てられた。祖語は羅 dispositio,動詞形 disponere(分散を表す接頭辞 dis が ponere「置く」についた形)は「分散させる」「並べる」「配置を決める」の意で,キリスト教の文脈では創造主である神が世界を秩序立て采配することを指す。dispositio は「配置」「状態」「資質」「傾向」「(ある状態への)恣意的決定」と意味が広がる。民事用語としての disposition は権利関係の変動をもたらす意思決定(英 disposition も同じ意味を持つ)。この文脈での「処分」は私人の自由な自己決定を指すことになった。これ以外に仏英 disposition は法律による取り決め,裁判所による事件の采配,という意味にもなる。ボアソナードが旧刑法第一編につけた表題は dispositions générales(一般的な取り決め)だった。しかし,これは「総則」と訳され,「処分」とは訳されなかった。

明治20年代以降になるとドイツ法の影響が強くなり,「処分」は独 Verfügung の訳語と化していく。この語は fügen「隙間なく接合する」に状態化を表す接頭辞 ver がついた形で,「ぴったり接合された状態にする」「(相手を)自分の意思に従わせる」「自分の意のままに決める」と意味が広がる。神が采配するという意味は(昔はあったが今は)なく,もっぱら人の意思や力を形容する語である。

ドイツ法学は Verfügung を広い文脈で多用する。私法では基本的に仏 disposition と同じ意味。ただし,ドイツ語圏の民法には「義務付け行為(Verpflichtungsgeschäft)」と「処分行為(Verfügungsgeschäft)」

の区別がある。これはローマ法大全における titulus と modus の区別に相当する（第21話参照）。例えば所有権移転では，売買契約が義務付け行為（titulus），引渡が処分行為（modus）であり，両者がそろって初めて所有権移転の要件が満たされる。仏民法は意思主義を採用したため titulus のみで所有権が移転し，この区別が不要になった。明治民法は旧民法の仏流意思主義を維持して仏民法と歩調を合わせるが，法解釈においては無権利者の処分，死因処分などドイツ法概念が多用される。

　刑法では，例えば詐欺罪で被害者の財産処分（Vermögensverfügung）がその構成要件とされる。この Verfügung も私人の自由な自己決定（法律行為）を指す。日本刑法もこれを踏襲して処分行為を詐欺罪の構成要件としている。

　さらに，公法の文脈では行政・司法による命令や決定が広く Verfügung と呼ばれる。裁判所の仮処分は einstweilige Verfügung，行政処分は Verwaltungsverfügung の直訳語。かつて統治機構による命令は恣意的かつ一方的になされており，Verfügung はその強権的時代の雰囲気を残す表現である。現代ではもちろん法に従って権限の範囲内でなされるのだが，この語のニュアンスを嫌い別の語で置き換えることも多くなった。今のドイツでは「行政処分」が「行政行為（Verwaltungsakt）」で代替されている。ちなみに，立法による決定は Maßnahme（措置）[1] と呼ばれることが多い。例えば，刑法の保安処分は Sicherungsmaßnahme である。

　Verfügung の全用法に妥当する学問的定義をドイツ法学は与えていない（そのような定義は不可能であろう）。また，Verfügung の全用法をカバーする語は仏語にも英語にも存在しない。disposition は随意的采配や神の意思を含意しがちで，行政処分という文脈で使われることが少ない。行政を法の支配下に置きその恣意的采配を極力減

らすことが英仏革命の教訓だからであろう。他方，日本の行政が「処分」という語を好むのは，行政裁量の余地が大きい独特の統治文化と関係しているのかもしれない。

『法令用語日英標準対訳辞書』は「処分」の英訳として disposition（原則），appropriation（利益の処分），ruling（訴訟法上の裁判所による処分）を列挙する。これに従うとたとえば行政処分は administrative disposition だが，この場合は mesure や decision 等としたほうが誤解を招かないように思われる。実際のところ，法務省の法令英訳（暫定版）は「処分」に多様な英語を充てている。民訴の「釈明処分（Aufklärungsverfügung）」は order for clarification，同「保全処分（Sicherungsverfügung）」は provisional order，民事保全法の「仮処分（einstweilige Verfügung）」は provisional disposition，少年法等の「保護処分（Schutzverfügung）」は protective mesure，国税徴収法の「滞納処分（Einziehungsverfügung）」は disposition of delinquency，金融関連法等にある「監督処分（Aufsichtsverfügung）」は supervisory mesure（disposition），行政法等における「不利益処分（belastende Verfügung）」は adverse disposition，等。英訳を一つに絞り切れないのは仕方ない。ただ，法務省訳は「処分庁」を administrative agency ordering the disposition とするが，dispose と order の重複は冗長。

なお，appropriation は方向を表す接頭辞 ad が proprium（固有の，自分自身）についた形，「本来持つべき者に帰属させる」が原意。rule の祖語は仏 règle，羅 regula（「物差し」「基準」，動詞形は regere「まっすぐな状態に保つ」「一定方向へと向ける」）。

**注**

1) Maß nehmen（物差しで寸法を取る，計量器で測る）の名詞形，「（目的に合わせた）対策」が原義。

# 第29話

# 利益と不利益

「利得」など「利」で始まる法律用語は数多い。「利」は刀で穀物を刈る様子を表し、「鋭い」「刈り取り獲得する」「(得られた) 果実」の意。「益」(器に水が溢れるさまを表す) を連ねた「利益」は『後漢書』に用例があり、獲得物一般のこと。日本では「リエキ」と発音。後に「利益」は仏典漢訳で梵語 upakaara (upa は「人のため」, kaara は「行為」, 全体で「仏が衆生に与える恵み」「仏に導かれ人が他者にまたは自分自身に与える恵み」) の訳語に充てられた。こちらは日本で「リヤク」と発音。「リエキ」と「リヤク」は明治初期まで日常語で区別され併存したが、明治以降、前者は法律用語化し、後者は日常生活から姿を消した (「ご利益がある」などの表現に残る)。

ボアソナードの法典整備に際して「利益」は intérêt, gain, profit 等の仏語に対する和訳語に充てられた。『法令用語日英標準対訳辞書』も、「利益」を interest (主観的価値), gain (価値のあるもの), profit (客観的な価値) と訳し分ける。interest は会社法の「株主の利益」「営業上の利益」「利益相反」, また「利子」「利息」「持分 (equity interest)」「担保権 (security interest)」の訳語。祖語はラテン語動詞 interesse (be 動詞に相当する esse に「あいだ」を意味する inter が前置さ

れた形）で、「間に存在する」「目立つ」「重要である」「（誰々にとって）
好都合である」が原意。『辞書』が「主観的価値」と形容するのは
至当である。

　ある人にとっての利は，他の人にとっては害であることも多い。
主観的価値の所在は，私人間で調停・制御され，社会全体で公正な
法の支配に服す必要がある。ローマ法はこう考えて暴利行為（laesio
enormis, 買い叩き）を禁止し，また利子は単利で年12%までと定めた。
利子はキリスト教やイスラム教が禁止したが（ユダヤ教もユダヤ人共
同体内部では禁止。ただ異教徒に対しては利子を取ることが認められたので
金融業に就く者が多く，その結果『ヴェニスの商人』のシャイロックのよう
な歪んだイメージが西洋社会では蔓延した），16世紀以降はプロテスタ
ントが法の支配の下で再び許容するようになった（英interestが「利子」
を意味するようになったのはこの頃）。他方，漢語の「利益」に法への
服従というニュアンスは皆無。漢語圏では古代から高利貸しが幅を
利かせており，日本ではかつて公権力が春に籾を農民に貸し付け，
秋の収穫時に高利を上乗せして返還させる税制（公出挙）すらあった。
こうした「法の支配」は上からの一方的な義務付けであり，ローマ
法の精神とは似て非なるものである。

　利益相反は後見人について既にローマ法が規制していた（日本民
法108条の淵源）。企業活動が隆盛する20世紀になると，米国発で会
社法や金融法の規制対象にもなった。日本も米国の後追いでこうし
た規制を導入したが，古来，役得を大目にみる慣習が根強く，「利
益相反行為は悪くない」という感覚が未だに蔓延しているようであ
る。これは上述の「利益」という漢語の含意を踏まえれば当然かも
しれない。

　gainの語源は仏語gagner（獲得する），さかのぼるとゲルマン語
weidinijan（動物や家畜が「草を食む」），狩猟牧畜民の発想に根差した

語。これが人に転用され，動物同様に人も主体的に働き，社会で競争に勝って利益を得る，の意となった。もちろん競争は法の支配の下で行われねばならない。ゲルマン法も早くから利子は年利12%というローマ法の上限を踏襲した。他方，「利益」は農耕民が生んだ表現で，与えられた恵みを単に受け取るということ。受け取る側（人）は受動的で，与える側（天や自然，仏）とは絶対的に隔絶され両者は別次元にある（第17話参照）。ここには，人為の限界を自覚し天の恵みに感謝するという発想はあり得ても，与える側と受け取る側が等しく法に服すという発想はない。こうした文化圏に欧州的な法の支配を根付かせるのは難しい。ともすると受け取る側の遵法精神が希薄化し，利益至上主義に流されてしまう。利益を出すためには何をやっても許されるという発想から起こる企業不祥事が日本では後を絶たない。

profit はラテン語 proficere（前へ出て作り出す，成し遂げる）の過去分詞 profectum からできた名詞で，作り出され客観的に現前するものを指す。ローマ時代から「儲け」の意で使われてきた。profit も法の支配に服する点は interest や gain と変わりない[1]。

「不利益」はボアソナードの法典整備に際して新造された表現であり，『辞書』は detriment あるいは disadvantage と訳す。detriment はラテン語の動詞 deterere（terere「こする」に強調辞 de がついた形で「すり減らす」）の過去分詞 detritum が祖形で，物体がすり減った状態，人が摩耗した状態，転じて人の権利が侵害された状態を指す。純粋に物理的な摩耗状態だけでなく，法の支配により修復を要求する損害状態をも意味するところが欧州的（第8話参照）。他方，漢語の「不利益」は端的に恵みが与えられていない，の意。法の支配により正されるべき状態，という含意は皆無。

disadvantage は advantage（仏 avantage，前に出た状態，有利さ）に

否定辞 dis がついた形で，有利さを失った状態のこと（主に他者との比較において不利の意）。政府のデータベースでは刑事訴訟法 322 条の「（被告人による）不利益な事実の承認」が admission of a disadvantageous fact と訳されるが，この訳だと「ほかに存在し得る被疑者と比較して被告人が不利」という含意が伴い得る。他方，「不利益」は他者との比較を含意せず，もっぱら本人の受動性を指す。

「不利益処分」は『辞書』で adverse disposition と訳されるが，元々はドイツ法用語で原語は belastende Verfügung（第 28 話参照。直訳すると「重荷を負わせる処分」）。公務員や労働者に対する懲戒や解雇，禁止命令などのことで，独原語を直訳して「負担処分」とも呼ばれる。対立語は begünstigende Verfügung（利益処分。行政による許可，認可，特許等の権利付与のこと。直訳すると「優遇処分」）。

なお，ボアソナードの法典編纂では préjudice（第 24 話参照）も「不利益」の原語となった。仏民法典に散見される表現 au préjudice de qn（「誰々の不利益になる仕方で」）がそのまま持ち込まれた。以上紹介したさまざまな欧州語彙が「利益」「不利益」と訳されることで，原語にあった法の支配という含意は失われ，絶対的受動という文脈に置き換えられる。欧米的な法の支配は日本社会に定着しづらいとよくいわれるが，言語という観点から分析すると，こういうことになる。

### 注

1) ドイツ会社法で「利益」は Gewinn，これは英 win と同語源で「配当」（英 dividend, distribution）の意にもなる。英 dividend は「分け前」，distribution は「分配すること」が原義。

# 第30話

# 用　益　権

　用益物権とは，他人の不動産を使用収益する登記可能な制限物権（地上権，永小作権，地役権，入会権）。「用益」はもともと，ボアソナード民法財産編1部2章「入額所得権（仏 usufruit）[1]」の規定にあった「使用」と「収益」の縮約語。後に民法典論争が起こった際，この usufruit を指して「用益権」という語が使われた。淵源はローマ法の ususfructus。これは元来，家屋や農地の相続から排除された相続権者が，生活のため家屋の一部を利用（usus）し続ける権利，また農地から果実（fructus）を収益する権利として認められたものだった。

　ラテン語には utor（使う），fruor（享受する），fungor（機能する）など，能動態がなく受動態しか使われない一群の動詞がある（verba deponentia と総称される）。英語なら use, enjoy, function と能動態で表現するところだが，ラテン語は意味的に受動性が含まれる動作や状態を受動態で表現した。たとえば「使う」とは道具や土地が役立てられ，そこから便益を受けること。「享受する」は恩恵を受けること。「機能する」は（課題や役割を）引き受けて果たすこと。いずれも受動的な意味合いを持つ。usus は utor の完了分詞男性形（使用し便益を受けている状態，英 use の語源），fructus は fruor の完了分

詞男性形（享受している状態，英 fruit の語源）。古代ラテン語の受動態表現が近現代語の能動態表現に置き換わったのは，欧州近代においてデカルト哲学が象徴するような主体的な個人が確立され，その能動性が重視されるようになったことと軌を一にしている[2]。

　ラテン語で usus と fructus はいずれも，使用状態・享受状態という事実だけでなく，使用権・享受権という権利をも指す。便益・享受を受けている状態が事実として継続するということは，その継続が正当であること（継続させてよいという規範）を含意する，という発想で，事実と規範が同一語彙に重なり合っている。usucapio（他人の物を usus することで取得してしまうこと＝使用取得），usus auctoritas（時効取得，第21話参照），usureceptio（元来自分の所有であったが他人に奪われた物を usucapio により取り戻すこと），usurpare（usus＋rapere，usus により奪取する，相手方の usucapio を阻むための実力行使，英 usurp の語源），usura（他人による usus に対して正当に請求される利息，英 usury の語源）など，usus からの派生表現もローマ法用語で，同様に事実と規範が同居する（近代になると英 usurp が不法な権利剥奪，英 usury は法定外の高利貸し，という具合に悪い意味に転化してしまった）。古代から欧州における法の目的の一つは，社会の安定性確保であった。安定した事実を述べる語彙から，あるべき規範を（いわばプラトン的な理念・目的として）分離し，次々と発生する新たな事実をこの規範に従わせることによって，欧州における法の支配は培われてきた。この二元論の伝統は現代も多くの欧米語語彙に息づいている（第8話参照）。現代法学の基本テーゼである事実と規範の分離も，この伝統が下地となって明確化されたものである。

　同じことはラテン語で地役権を意味する servitus にもいえる。これは servus（奴隷）からできた語で，「奴隷状態」という事実を指すだけでなく，奴隷制度，隷属させる権利をも指す。ローマ法では，

第30話　用　益　権　153

ある人の所有地が他の人の所有地に通じる水路や通路として利用に供される場合に，前者（承役地）が後者（要役地）に隷属状態となるのを指した（人を奴隷にした場合は所有権の対象となった）。後にローマ法大全がこの権利概念を拡張して人的役権（servitus personarum）と物的役権（servitus rerum）に二分し，前者に usus（使用権）や habitatio（居住権）などと並んで ususfructus を包摂させ，従来の用水地役権などは後者に相当する，という用語法を定着させた。この用語法は広く大陸法に継受され（独語圏では ususfructus が Niessbrauch あるいは Nutzniessung, servitus が Servitut あるいは Dienstbarkeit と訳された），日本にもフランスからボアソナードが旧民法に持ち込んだ。しかし，梅健次郎ら新民法の起草者たちは，旧民法中の ususructus の規定を廃した（これとともに「入額所得権」という工夫を凝らした訳語も廃語となった）。ususfructus に該当する慣習は日本に存在しない，そして人的役権はそもそも封建時代に領主の特権（狩猟権など）として濫用された過去があり新時代の日本に馴染まない，というのがその理由であった [3]。その結果，新民法に広義の人的役権として採用されたのは地上権，永小作権，入会権だけとなった。これらと地役権を合わせて「用益物権」と呼ぶ用語法ができたのはさらに後のことである。

ususfructus や servitus はスコットランド法にも継受され，さらにフランスの植民地だった米国ルイジアナ州やカナダのケベック州等にも導入されたが，コモンローにどの程度影響したかは学者の間でも争いがある。usus という語は仏語経由で中世英語に入り（use という形で），エクイティ上の法概念（十字軍に従軍した従軍騎士の所有地をその不在のあいだ受託使用する，という文脈）となった。だが，その内実はローマ法の usus ではなく fideicommissum に近い（第6話参照）。内実的に usus により近いのは estate（不動産使用権）だろうが，これも封建時代に英国の君主が臣下に期間を限って封土を与える際

に案出されたコモンロー上の概念である。

servitus という語も仏経由で英語に入り，エクイティ上の法概念 (equitable servitude) となった。これはコモンロー上の covenant running with land（他人の土地を一定の利用に供させる契約）に対応するもので，金銭賠償命令しかしないコモンローを補完する差止命令（土地利用権の阻害を強制排除する命令）である。コモンローで地役権に相当するものにもう一つ，easement がある。この語は直訳すると「緩和」。通路や水路がなくて利用困難な土地がある場合，隣接する他人の土地を通路や水路として使えるよう契約しておけば，不便さは緩和される。こうした文脈で地役権の意となった。『法令用語日英標準対訳辞書』は「用水地役権」を easement for utilizing water，「地役権」を servitude と訳しているが，ローマ法系である日本民法の用語を英訳する際には英米法のニュアンスが混線して誤解を招くおそれがあり，注意が必要である。


### 注

1) 「入額」は「いりがく」と発音。「入金（いりがね）」「入高（いりだか）」「入銭（いりぜに）」などの語が江戸期まで帳簿上の収入を指して用いられていたが，これと同系の語。「所得」は『春秋左伝』に見られる古い熟語で，「得るところ」すなわち獲得物。日本でも平安期から「もうけ」の意で使われていた。

3) ラテン語では ratio（理性）の元になる動詞 reor（「考える」，第23話参照）も verba deponentia だった。人間の理性的活動は我々の能動的営みではなく，宇宙の真なる法則性を受動的に受け止める営みである，と古代欧州人たちは概して解していたようだ。

2) 前者の理由については，日本にも隠居分などの類似慣習があったので，必ずしも正当とは言えない。また，後者の理由についても，文化財保護など現代的課題解決のために役権が欧米で利用されており，過去に悪用された例があるからといってその将来性まで摘んでしまうのは必ずしも正当とは言えない。

# あとがき

「まえがき」で，本書を通底する伏線は「実定法の背後にある欧州の伝統的人間観や世界像」「日本における法の支配の定着・非定着」である，と記した。この点について末尾に本書の内容をまとめておきたい。欧州語では人と人との基本的な事実関係を表現する日常語彙（第1話の obligatio が典型）が同時に法規範を含意しており，これが日常生活に法の支配が定着する原動力の一つになっている（第8話）。これに対して日本は欧州起源の法制度を明治期に導入する際，日常語（多くは大和言葉）とかけ離れた漢語をその翻訳語に充てた（しかもその多くは新造語であった）。その結果，日本の法律は漢語の専門用語のるつぼと化し，日本で法律を学ぶのは初修外国語を学ぶような労力を要する難儀となった。今に至るまで，日本の一般市民にとって法律は生活に身近なものとなりきっていないし，欧州的な法の支配はいろんな意味で日本人の生活の中で実質化されているとは言い難い。

　法の支配の実質化を阻むもう一つの要素に，日本的な「公（建前）」「私（本音）」の対立がある（第17話，第20話）。古代から欧州の法は「公（publicum）」と「私（privus）」の利害対立を調停すべく発展してきた側面がある。概して言うと，古代法は後者より前者の利益，とりわけ個々の privus が共同体で果たすべき役割を重視したのに対し，近代法はそうした役割から離れた privus そのものを「相互独立かつ自由に自己決定して生きる人格」として平等に尊重し，privus の利益を publicum の利益に負けず劣らず重視するように

なった。この発展の成果は明治以降,「公（建前）」「私（本音）」の対立が根を張る日本に導入されたが,漢語翻訳語で表現されることにより総じてこの対立における「公」の文脈へ,すなわち「私（本音）」と無関係な建前の世界へ封じ込められた。これにより,「私（privus）」の本音を守るという欧州近代法の理念と働きが日本の生活空間で再現できないことになってしまった。

　法制度が導入されて百五十年近く,日本国憲法ができて七十年近くが経過した。法律用語は相変わらず漢語の専門用語のままだが,二十一世紀の今では「私」の本音を守るという欧州法の理念も日本人の意識の中に薄ぼんやりと根を下ろしつつあるように見える。かつて憲法学者の佐藤幸司氏が「日本国憲法は戦後五十年を経てようやく日本に根付きつつある」旨の発言をなさった通りである。日本的な「公」「私」対立やそれにまつわる美徳意識は今も根強く残る。他方,新しい世代が次々と台頭する中で,欧州近代法の背後にある人間観が日本の日常空間にゆっくりと浸透しつつあるのも事実だろう（異文化である以上,完全に浸透し尽くすことはあり得ないだろうが）。我々には中国の法家思想や江戸期までの日本法に戻る選択肢はもはやない。今後も欧州起源の法制度を定着させ,必要に応じて改変しつつ,使いこなしていくしかない。我々はその途上にあり,今後もその途上にあり続けるのだと思われる。

　本書は「まえがき」に記したとおり,レクシスネクシス・ジャパン社刊行の月刊誌『Business Law Journal』に連載されたコラムを書籍化したものである。執筆機会を与えてくれた同誌の編集部,特に毎回の窓口となってお世話いただいた梅津大志さん,稲垣正倫さん,志村（旧姓今井）紗耶さんに対して,深い感謝の気持ちを記したい。また,中央大学出版部からの書籍化を快く承諾くださったレクシスネクシス・ジャパン社にも感謝したい。

現在，日本では数年越しで進められている民法改正の作業が大詰めを迎えている。本書は概して民法改正に影響されないような仕方で各トピックを取り上げているが，書籍化にあたりその流れを（2015年8月現在の時点で判明している限りで）できるだけ反映させるようにはした。だが，改正後の民法がどうなっているのか，今はまだ不明な点が残る。この点をここでお断りしておきたい。

　なお，著者は本書と類似の主題でかつて『翻訳語としての日本の法律用語』（中央大学出版部，2004年）を出版したことがある。本書は結果的にこの旧著の続編に相当するものとなった。関心のある方は旧著もご参照いただけると幸いである。

古<ruby>ふる<rt></rt></ruby>田<ruby>た<rt></rt></ruby>裕<ruby>ひろ<rt></rt></ruby>清<ruby>きよ<rt></rt></ruby>

　1963 年生まれ
　ミュンヘン大学哲学博士（Dr. phil.）
　現在，中央大学法学部教授

---

**源流からたどる翻訳法令用語の来歴**

2015 年 12 月 7 日　初版第 1 刷発行

著　者　古　田　裕　清
発 行 者　神　﨑　茂　治

発行所　中 央 大 学 出 版 部
〒 192-0393
東京都八王子市東中野 742 番地 1
電話 0426(74)2351　FAX 0426(74)2354

---

Ⓒ 2015　Hirokiyo Furuta　　　　　　ニシキ印刷／永島製本
ISBN 978-4-8057-0732-6